中国出版"走出去"重点图书出版计划立项
北大主干基础课教材立项
北大版商务汉语教材·新丝路商务汉语系列

新丝路
New Silk Road Business Chinese
中级商务汉语综合教程（商务篇）I

李晓琪　主编
蔡云凌　编著

图书在版编目(CIP)数据

新丝路：中级商务汉语综合教程. 商务篇. I / 蔡云凌编著. —北京：北京大学出版社，2012.8
(北大版商务汉语教材·新丝路商务汉语系列)
ISBN 978-7-301-20344-6

Ⅰ. 新… Ⅱ. 蔡… Ⅲ. 商务－汉语－对外汉语教学－教材 Ⅳ. H195.4

中国版本图书馆 CIP 数据核字（2012）第 032248 号

书　　　名：	新丝路——中级商务汉语综合教程（商务篇）I
著作责任者：	李晓琪 主编　　蔡云凌 编著
责 任 编 辑：	宋立文
标 准 书 号：	ISBN 978-7-301-20344-6
出 版 发 行：	北京大学出版社
地　　　址：	北京市海淀区成府路205号　100871
网　　　址：	http://www.pup.cn
电子信箱：	zpup@pup.pku.edu.cn
电　　　话：	邮购部 62752015　　　发行部 62750672
	出版部 62754962　　　编辑部 62752028
印 刷 者：	三河市北燕印装有限公司
经 销 者：	新华书店
	889毫米×1194毫米　16开本　8.75印张　148千字
	2012年8月第1版　2024年5月第5次印刷
定　　价：	32.00元

未经许可，不得以任何方式复制或抄袭本书之部分或全部内容。
版权所有，侵权必究
举报电话：010-62752024　　电子信箱：fd@pup.pku.edu.cn

新丝路商务汉语系列教材总序

近年来，随着中国经济的持续快速发展，中国与其他国家贸易交流往来日益密切频繁，中国在国际社会的政治经济和文化影响力日益显著，与此同时，汉语正逐步成为重要的世界性语言。

与此相应，来华学习汉语和从事商贸工作的外国人成倍增加，他们对商务汉语的学习需求非常迫切。近年来，国内已经出版了一批有关商务汉语的各类教材，为缓解这种需求起到了很好的作用。但是由于商务汉语教学在教学理念及教学方法上都还处于起步、探索阶段，与之相应的商务汉语教材也在许多方面存在着进一步探索和提高的空间。北京大学对外汉语教育学院自2002年起受中国国家汉语国际推广领导小组办公室的委托，承担中国商务汉语考试（BCT）的研发，对商务汉语的特点及教学从多方面进行了系统研究，包括商务汉语交际功能、商务汉语交际任务、商务汉语语言知识以及商务汉语词汇等，对商务汉语既有宏观理论上的认识，也有微观细致的研究；同时学院拥有一批多年担任商务汉语课程和编写对外汉语教材的优秀教师。为满足社会商务汉语学习的需求，在认真研讨和充分准备之后，编写组经过3年的努力，编写了一套系列商务汉语教材——新丝路商务汉语教程。

本套教程共22册，分三个系列。

系列一，综合系列商务汉语教程，8册。本系列根据任务型教学理论进行设计，按照商务汉语功能项目编排，循序渐进，以满足不同汉语水平的人商务汉语学习的需求。其中包括：

初级2册，以商务活动中简单的生活类任务为主要内容，重在提高学习者从事与商务有关的社会活动能力。

中级4册，包括生活类和商务类两方面的任务，各两册。教材内容基本覆盖与商务汉语活动有关的生活、社交类任务和商务活动中的常用业务类任务。

高级2册，选取真实的商务语料进行编写，着意进行听说读写的集中教学，使学习者通过学习可以比较自由、从容地从事商务工作。

系列二，技能系列商务汉语教程，8册，分2组。其中包括：

第1组：4册，按照不同技能编写为听力、口语、阅读、写作4册教材。各册注意突出不同技能的特殊要求，侧重培养学习者某一方面的技能，同时也注意不同技能的相互配合。为达此目的，技能系列商务汉语教材既有分技能的细致讲解，又按照商务汉语需求提供大量有针对性的实用性练习，同时也为准备参加商务汉语考试（BCT）的人提供高质量的应试培训材料。

第2组：4册，商务汉语技能练习册。其中综合练习册（BCT模拟试题集）2册，专项练习册2册（一本听力技能训练册、一本阅读技能训练册）。

系列三，速成系列商务汉语教程，6册，其中包括：

初级2册，以商务活动中简单的生活类任务为主要内容，重在提高学习者从事与商务有关的社会活动的能力。

中级2册，包括生活类和商务类两方面的任务。教材内容基本覆盖与商务汉语活动有关的生活、社交类任务和商务活动中的常用业务类任务。

高级2册，选取真实的商务语料进行编写，着意进行听说读写的集中教学，使学习者通过学习可以比较自由、从容地从事商务工作。

本套商务汉语系列教材具有如下特点：

1. 设计理念新。各系列分别按照任务型和技能型设计，为不同需求的学习者提供了广泛的选择空间。

2. 实用性强。既能满足商务工作的实际需要，同时也是BCT的辅导用书。

3. 覆盖面广。内容以商务活动为主，同时涉及与商务活动有关的生活类功能。

4. 科学性强。教材立足于商务汉语研究基础之上，吸取现有商务汉语教材成败的经验教训，具有起点高、布局合理、结构明确、科学性强的特点，是学习商务汉语的有力助手。

总之，本套商务汉语系列教材是在第二语言教材编写理论指导下完成的一套特点鲜明的全新商务汉语系列教材。我们期望通过本套教材，帮助外国朋友快速提高商务汉语水平，快速走进商务汉语世界。

新丝路商务汉语系列教材编写组
于北京大学勺园

新丝路商务汉语系列教材总目

新丝路商务汉语综合系列	李晓琪　主编
新丝路初级商务汉语综合教程 I	章　欣　编著
新丝路初级商务汉语综合教程 II	章　欣　编著
新丝路中级商务汉语综合教程（生活篇）I	刘德联　编著
新丝路中级商务汉语综合教程（生活篇）II	刘德联　编著
新丝路中级商务汉语综合教程（商务篇）I	蔡云凌　编著
新丝路中级商务汉语综合教程（商务篇）II	蔡云凌　编著
新丝路高级商务汉语综合教程 I	韩　熙　编著
新丝路高级商务汉语综合教程 II	韩　熙　编著

新丝路商务汉语技能系列	李晓琪　主编
新丝路商务汉语听力教程	崔华山　编著
新丝路商务汉语口语教程	李海燕　编著
新丝路商务汉语阅读教程	林　欢　编著
新丝路商务汉语写作教程	林　欢　编著
新丝路商务汉语考试阅读习题集	李海燕　编著
新丝路商务汉语考试听力习题集	崔华山　编著
新丝路商务汉语考试仿真模拟试题集 I	李海燕　林　欢　崔华山　编著
新丝路商务汉语考试仿真模拟试题集 II	李海燕　崔华山　林　欢　编著

新丝路商务汉语速成系列	李晓琪　主编
新丝路初级速成商务汉语 I	蔡云凌　编著
新丝路初级速成商务汉语 II	蔡云凌　编著
新丝路中级速成商务汉语 I	崔华山　编著
新丝路中级速成商务汉语 II	崔华山　编著
新丝路高级速成商务汉语 I	李海燕　编著
新丝路高级速成商务汉语 II	李海燕　编著

编写说明

本书是新丝路商务汉语综合系列的中级商务篇，分Ⅰ、Ⅱ两册，每册10课，适合具有一定汉语基础的学习者使用。学习者学完本书后，可用汉语进行基本的日常商务工作。

本书的特点是"实用、灵活、商务性强"，主要表现为以下几点：

1. 每册10个主题，每个主题都紧密围绕核心商务活动编写三段短小精悍的对话或短文，便于在使用过程中根据不同的需求进行选择和调整。

2. 突出商务表达：每一段对话或短文中的常用商务词语均单独列出；例句及练习多以商务活动为背景；每课都设有与该课主题相关的商务表达常用语的总结。

3. 练习形式丰富多样，并涵盖听说读写四项技能的训练。

本书的体例、内容和使用建议如下：

体例	主要内容	使用建议
商务词语准备	每课中的常用商务词语	应重点学习、掌握
对话或短文	二三百字的对话或短文	了解课文内容；掌握重点表达
语句理解及练习	课文中出现的常用结构的解释、例句及练习	学习用正式的结构进行商务表达
对话或短文理解及练习	与课文内容相关的应用性练习	应能灵活运用所学词语、结构解决商务问题，完成商务活动
综合练习	分技能的综合性练习	可在课上完成，也可留作课后作业

本书在编写过程中一定还存在着很多问题和不足，真诚欢迎本书的使用者提出宝贵的意见和建议。

　　在本书编写和出版的过程中，北京大学对外汉语教育学院李晓琪教授，北京大学出版社宋立文编辑给予了悉心指导和帮助，在此一并表示感谢。

编　者

目 录

第一课	招聘	1
第二课	求职	13
第三课	新员工	25
第四课	答谢酒会	37
第五课	联系方式	48
第六课	企业文化	60
第七课	广告	72
第八课	财务	81
第九课	竞拍	91
第十课	保险	101

听力录音文本	109
参考答案	112
商务词语总表	115
一般词语总表	122

第一课　招聘

课前准备

1. 请浏览以下招聘网站：

   www.chinahr.com　　　　　www.800hr.com
   www.myjob.com.cn　　　　www.zhaopin.com

2. 想一想，作为招聘方需要做哪些工作？

课文

一、采访经理

商务词语准备

1	招聘会	zhāopìnhuì	名	job fair
2	应聘者	yìngpìnzhě	名	candidate
3	职业道德	zhíyè dàodé		professional ethics
4	500强	wǔbǎi qiáng		500 world companies
5	企业	qǐyè	名	enterprise
6	人力资源部	rénlì zīyuán bù		Human Resources Department
7	资金	zījīn	名	fund

8	培训	péixùn	动	train
9	员工	yuángōng	名	staff
10	跳槽	tiàocáo		move from one job to another

对话

记　者：张经理，在招聘会上，成绩优异的应届大学毕业生是不是更有竞争力呢？

张经理：优异的成绩固然重要，但我们更看重的是应聘者的职业道德、社会实践经验以及与他人沟通的能力。

记　者：您能具体谈谈"职业道德"的含义吗？

张经理：很多500强企业需要的不是最聪明的人，而是能踏踏实实干好一件事的人，这就是我说的职业道德。

记　者：作为人力资源部的经理，在招聘过程中，最让您头疼的是什么？

张经理：公司花大量时间和资金培训了新员工，但有的人这山望着那山高，总想跳槽，这是我最不想看到的。

记　者：张经理，应聘者怎么了解贵公司的招聘信息呢？

张经理：这很简单，去公司网站上看看就知道了。

优异 yōuyì excellent
应届 yìngjiè graduate of the current year
沟通 gōutōng communicate
含义 hányì implication
踏实 tāshi steady
过程 guòchéng process
信息 xìnxī information

第一课 招聘

语句理解及练习

1. ……固然……，但……

   在承认某事实的基础上（前一句），提出不同的意见、看法等（后一句）。如：
   (1) A：我已经非常努力了，怎么有时候还是做不好呢？
       B：个人努力固然很重要，但也要注意与他人的沟通啊！
   (2) A：你看看这篇文章，小王的文笔真不错。
       B：这篇文章写得固然不错，不过有的地方还需要修改。

   用"……固然……，但……"完成下面的对话

   (1) A：我觉得坐火车去比较省钱。

       B：_____

   (2) A：你现在的工作能赚这么多钱，你为什么还要辞职呢？

       B：_____

2. 这山望着那山高

   比喻不满意自己的环境、工作等，老是觉得别的好。有贬义。如：
   (1) 因为他总是这山望着那山高，所以找不到工作。
   (2) 你男朋友的条件已经很不错了，你别这山望着那山高了。

   下面的情况用"这山望着那山高"怎么说？

   (1) 你的朋友对现有的住房不满意，而你觉得他应该知足：

       _____

   (2) 你的朋友打算买一辆汽车，可总是挑来挑去，不能决定。你劝他：

       _____

3. 贵 + 名词

   称与对方有关的事物时，表示尊敬。常见的有：贵公司、贵国、贵姓、贵校、贵厂、贵处、贵方等。如：
   (1) 贵校培养出来的学生个个都是好样的。
   (2) 贵国人民的热情给我留下了极深的印象。

用"贵+名词"完成下面的对话

(1) 饭店经理：李总，对我们的服务有什么不满意的请直言。

　　李总：_____（表示满意）

(2) 厂长：张总，欢迎您来我们这里参观！

　　张总：_____（表示很高兴来参观）

对话理解及练习

一、根据对话的内容，回答下面的问题

1. 成绩优异的大学毕业生能进入张经理所在的公司吗？为什么？
2. 在哪儿可以看到张经理所在公司的招聘信息？

二、讨论

1. 作为应聘者，应届大学毕业生有哪些优势和劣势？
2. 对有些年轻人频繁跳槽的现象，你怎么看？

三、除了表中已有的部门外，公司、企业中一般还有哪些部门？请填在下表中

1	人力资源部
2	销售部
3	
4	
5	
6	
7	
8	
9	
10	
11	
12	

二、公司简介

商务词语准备

1	诚聘英才	chéngpìn yīngcái		welcome high talented people to join us
2	集团	jítuán	名	group
3	机构	jīgòu	名	institution
4	有限公司	yǒuxiàn gōngsī		limited company

短文

芝华（中国）研究开发中心诚聘英才

本中心成立于2000年9月，是继美国研究所和欧洲研究所之后，芝华集团海外的第三家研发机构。芝华集团致力于成为创造丰富价值并为全人类的生活、文化作贡献的企业集团。

更多芝华集团招聘信息，请浏览公司网站：
http://www.zhihua.com.cn/hr/

联系方式：

地址：北京市东方广场W5座302室
　　　芝华（中国）有限公司 研发中心

邮编：100387

电话：010-84181812

传真：010-84181819

继……之后 jì……zhīhòu after

海外 hǎiwài overseas

致力于 zhìlìyú devote oneself to

价值 jiàzhí value

贡献 gòngxiàn contribution

浏览 liúlǎn browse

语句理解及练习

1. 本＋名词

    表示说话者自己方面的。多用于正式场合。如：
    (1) 听口音，你不是本地人吧？
    (2) 请说说你来本公司应聘的理由。

2. 动词＋于＋时间／地点

    "于"引出某个时间或地点，用于正式的文体中。如：
    (1) 他出生于1989年。
    (2) 这个故事发生于南方的一个小城市。

用"本"和"于"表达下面的意思

(1) 在简历上写出你毕业的学校。

_____

(2) 介绍你的公司成立的时间。

_____

短文理解及练习

根据下面的提示，模仿短文写一篇电脑公司的简介

1. 用一句话提出招聘人才。
2. 简单介绍公司的基本情况，如公司文化、服务对象、成立时间等。
3. 公司网站。
4. 公司联系方式：通信地址、邮编、电子邮件、电话、传真号码等。

招聘启事常用语

1	高薪诚聘……精英	gāoxīn chéngpìn……jīngyīng
2	……公司诚邀您的加入	……gōngsī chéngyāo nín de jiārù
3	急聘……	jípìn……
4	欢迎国内外优秀人才加盟	huānyíng guónèiwài yōuxiù réncái jiāméng

三、招聘信息

商务词语准备

1	职位	zhíwèi	名	position, job title
2	助理	zhùlǐ	名	assistant
3	薪水	xīnshuǐ	名	salary
4	面议	miànyì	动	discuss personally
5	任职	rèn zhí		hold a post
6	文秘	wénmì	名	secretary specialty
7	外企	wàiqǐ	名	foreign company
8	秘书	mìshu	名	secretary
9	办公软件	bàngōng ruǎnjiàn		office software

短文

招聘职位：总经理助理

上海汽车有限公司

- 工作地点：上海 ・招聘人数：1 ・薪水：面议
- 任职条件：
1. 大学本科及以上学历，英语、文秘或相关专业毕业；
2. 具有三年以上外企英语翻译或秘书相关工作经历者优先考虑；
3. 35岁以下；
4. 独立工作能力强，有团队精神；
5. 熟练使用计算机办公软件。

优先 yōuxiān give priority to

考虑 kǎolǜ consider

独立 dúlì independent

熟练 shúliàn skilled

语句理解及练习

……以上／以下

表示位置、次序或数目等在某一点之上或之下。如：
(1) 部门经理以上的人员必须参加此次会议。
(2) 最近几年，本市的人口出生率保持在1%以下。

用"……以上／以下"完成下面的对话

(1) A：贵公司对应聘者的学历有要求吗？

　　B：_____

(2) A：什么人可以免费乘坐公共交通？

　　B：_____

常见职位名称

1	公关	gōngguān
2	工程师	gōngchéngshī
3	市场顾问	shìchǎng gùwèn
4	广告发行人员	guǎnggào fāxíng rényuán
5	销售经理	xiāoshòu jīnglǐ
6	经纪人	jīngjìrén
7	行政总监	xíngzhèng zǒngjiān
8	会计	kuàijì
9	市场信息员	shìchǎng xìnxīyuán

短文理解及练习

一、在你们国家，下面哪些是在招聘条件中必须写明的？如有其他的，也请列出

1	年龄
2	性别
3	学历
4	工作经历
5	工作经验
6	工作能力
7	薪水和待遇
8	
9	
10	

二、从前面"常见职位名称"中任选一个，模仿短文写一篇招聘信息

招聘职位：_____

公司名称：_____

• 工作地点：_____

• 招聘人数：_____

• 薪　　水：_____

• 任职条件：
　　　　　1._____
　　　　　2._____
　　　　　3._____
　　　　　4._____

综合练习

一、听力练习：听录音，然后从ABCD四个选项中选出最恰当的答案

1. 本月底将举行针对_____的招聘会。
   A. 本科生　　B. 大专生　　C. 研究生　　D. 有工作经验的人

2. 很多单位对应聘者有_____方面的要求。
   A. 性别　　B. 工作经验　　C. 是否适应社会　　D. 所学专业

3. 很多大企业没有参加本次招聘会的原因是_____。
   A. 想明年再招聘新人　　B. 不需要招聘新人
   C. 不想增加企业成本　　D. 早就已经招满了

二、词语练习：从ABCD四个词语中选择最恰当的填空

　　日前，在上海高校举行的招聘会上，某知名大企业把极强的职业道德观念以及丰富的社会实践___1___、沟通能力排在了最靠前的位置。___2___公司人力资源经理对现场几百名毕业生说，优异的学习成绩___3___重要，但他们更看重应聘者的职业道德观，以及倾听他人意见的耐心。无独有偶，另一家500___4___企业的招聘负责人在接受记者采访时也坦言，企业___5___不需要最聪明的人，而需要勤奋的、能___6___下来干好一件事的人。"公司花大量时间和___7___培训新人，但有的新人这山望着那山高，老想着往外跳，这是公司最忌讳的。"

1. A 经验　　B 经历　　C 经过　　D 经营
2. A 某　　　B 该　　　C 贵　　　D 本
3. A 固然　　B 既然　　C 不然　　D 竟然
4. A 大　　　B 高　　　C 名　　　D 强
5. A 则　　　B 可　　　C 并　　　D 却
6. A 老实　　B 确实　　C 实在　　D 踏实
7. A 金额　　B 工资　　C 资金　　D 钱币

三、阅读练习：阅读ABCD四段文字材料，然后判断哪个问题与哪段材料有关系

你想找一份工作，下面是四家企业的招聘信息。请带着下面的问题查一下。

1. 哪一家企业对应聘者英语水平要求最高？
2. 哪一家企业不要求应聘者有工作经验？
3. 哪一家企业对应聘者的专业没有要求？
4. 哪一家企业要求应聘者能熟练操作办公软件？
5. 哪一家企业给受到录用者提供培训？

A

1. 专科及以上学历，会计、文秘专业优先；
2. 两年以上工作经验；
3. 具备良好的沟通能力及人际关系技巧；
4. 熟悉常用办公软件；
5. 工作态度积极，认真负责；
6. 性格开朗，能承受较大的工作压力。

B

1. 大本及以上学历（管理、文秘、中文等相关专业）；
2. 男女不限，25岁以上；
3. 形象气质好，善于与人交流；
4. 具有团队合作精神；
5. 英语水平一般即可；
6. 写作能力强。

C

1. 大学本科及以上学历（外语、法律、文秘、管理、中文等相关专业）；
2. 26~32岁；
3. 具有三年以上相关工作经验；
4. 能够熟练地运用英语；
5. 具有较强的文字写作水平；
6. 具备开拓创新和团队合作精神。

D

> 1. 23岁以上，大学专科及以上学历；
> 2. 录用后可享受带薪培训计划；
> 3. 具有良好的沟通能力；
> 4. 具有迎接挑战的信心和对工作的激情；
> 5. 为人诚实、正直，性格开朗；
> 6. 有行政从业经验。

四、写作练习

你在某家公司负责人事工作，公司需要招聘一名总经理助理，并在网上发布招聘信息，请写一篇招聘信息，包括：

1. 招聘职位；
2. 应聘者应具备的任职条件；
3. 公司的联系方式。

要求：200字以上。使用正式的书面语。

五、口语练习

你是某家公司人力资源部的经理，与某所大学的应届毕业生召开供需见面会，在会上，请你谈一谈：

1. 公司的简要情况；
2. 所需要的岗位；
3. 公司对员工的基本要求。

时间：2分钟。

第二课　求职

课前准备

1. 在你们国家，可以通过哪些途径找工作？
2. 你对什么工作感兴趣？

课文

一、一封求职信

商务词语准备

1	从事	cóngshì	动	be engaged in
2	个人简历	gèrén jiǎnlì		resume
3	面试	miànshì	动、名	job interview
4	不胜荣幸	búshèng róngxìng		be honored

短文

上海汽车公司人力资源部：

您好！我在中华英才网上看到贵公司招聘总

经理秘书的广告，因此冒昧写信应聘。

我毕业于中文系文秘专业。在校期间，我学习了现代汉语、公文写作、礼仪学、专业英语等课程，成绩优秀。我熟悉电脑操作，英语通过了国家四级，口语流利，略懂日语。大学毕业后，我先后在两家公司从事文秘工作，具有一定的工作经验。我很希望能成为贵公司的一员，为公司的发展努力工作。

随信附上我的个人简历及相关材料，如果能得到面试的机会，我将感到不胜荣幸。

联系地址：南华大学中文系　317607

联系电话：134121131234

此致

敬礼！

应聘人：张晓洁

2012年2月15日

冒昧 màomèi take the liberty of

礼仪 lǐyí etiquette

操作 cāozuò operate

通过 tōngguò pass

略 lüè slightly

附 fù attach

材料 cáiliào material, documentation

致 zhì deliver

敬礼 jìng lǐ salute

语句理解及练习

先后 + 动词性成分

前后相继。如：
(1) 家人、朋友先后给我打来电话询问情况。
(2) 我先后联系了几家工厂，不过目前还没得到答复。

用"先后"表达下面的意思

(1) 参加会议的代表一个接一个地到达了会场。

(2) 他去年在肯德基打工，今年又在麦当劳打工了。

_____

短文理解及练习

一、用画线的词语回答下面的问题

1. 你比较<u>熟悉</u>哪些办公软件？
2. 到现在为止，你<u>通过</u>了哪些考试？
3. 应聘时，一般需要准备哪些<u>个人材料</u>？
4. 在大学，你学过哪些课程？<u>成绩怎么样</u>？
5. 你有<u>工作经验</u>吗？

二、从课文中找出与画线部分相应的语句

1. 我<u>做过</u>文秘工作。
2. 我<u>懂一点儿</u>德语。
3. 上大学<u>的时候</u>，我的学习成绩一般。
4. 如果能到您家去拜访，我会感到<u>非常幸运</u>。

三、给"冒昧"在下面的句子中找到一个合适的位置

1. 明天我去拜访张经理，是不是不太合适啊？
2. 我给您打电话，是想了解一下关于工作的事情。
3. 我可以问一下您怎么称呼吗？

求职信常用语

1	我毕业于……大学……专业	Wǒ bìyè yú……dàxué……zhuānyè
2	我从事过……，具有一定的工作经验	Wǒ cóngshì guo……, jùyǒu yídìng de gōngzuò jīngyàn
3	……语流利，略懂……	……yǔ liúlì, lüè dǒng……
4	很希望成为贵……的一员	Hěn xīwàng chéngwéi guì……de yì yuán
5	随信附上我的个人简历及相关材料	Suíxìn fùshang wǒ de gèrén jiǎnlì jí xiāngguān cáiliào
6	如果能得到面试的机会，我将感到不胜荣幸	Rúguǒ néng dédào miànshì de jīhuì, wǒ jiāng gǎndào búshèng róngxìng

二、一份简历

商务词语准备

1	求职意向	qiúzhí yìxiàng		job intention
2	工作经历	gōngzuò jīnglì		work experience
3	行政工作	xíngzhèng gōngzuò		administrative work
4	社交	shèjiāo	名	social contact
5	业余	yèyú	形	sparetime
6	面谈	miàntán	动	speak to sb., face to face

短文

求职意向：总经理助理

工作经历

*1995年5月—1997年　新月公司　秘书

*1997年6月—　　　南科公司　经理助理

个人简介

在多年的行政工作中，我深深体会到秘书工作的重要性，这是一个需要用责任心和细心完成的工作。我的中文录入速度每分钟100字以上；英语的听、说、读、写能力达到四级水平；比较善于进行社交活动，更有组织各种活动的经验；能够熟练地操作办公软件。本人工作认真，具有很强的责任心。

责任心 zérènxīn responsibility

细心 xìxīn careful

录入 lùrù input

速度 sùdù speed

组织 zǔzhī organize

业余爱好

爱好广泛。喜爱球类运动及爬山，还喜欢唱歌、跳舞等。

期盼与您的面谈！

广泛 guǎngfàn wide

期盼 qīpàn look forward to

语句理解及练习

善于 + 动词性成分

在某方面做得特别好。如：
(1) 老王很善于做管理工作。
(2) 我不善于和人打交道。

用"善于 + 动词性成分"表达下面的意思

(1) 小王总是能把商品推销给顾客。

_____

(2) 和别人辩论的时候，我常常说不过对方。

_____

短文理解及练习

一、用画线的词语回答下面的问题

1. 你的汉字<u>录入速度</u>是多少？母语的录入速度呢？
2. 你<u>组织</u>过哪些活动？
3. 什么样的人可以说是有<u>责任心</u>的人？
4. 你有哪些爱好？<u>广泛</u>吗？

二、选词填空

经历　　经验

1. 小张刚毕业，没什么工作（　　　　）。

2. 在中国留学期间,我(　　　)了很多事情。

3. 公司现在需要的是有丰富的工作(　　　)的人。

4. 快跟我们说说你去南方旅行的(　　　)吧,大家都想听呢!

面试　　面谈

1. 我已经通过笔试了,就等着参加(　　　)了。

2. 这件事在电话里说不清楚,咱们还是(　　　)吧!

3. 和老板(　　　)了一次以后,我对他的印象改变了。

三、根据你的实际情况,填写下面这份个人简历

求职意向:＿＿＿＿＿＿＿＿＿＿＿＿＿＿＿＿＿＿＿＿＿＿＿＿

个人情况:姓名:＿＿＿＿＿＿＿＿＿　　性别:＿＿＿＿＿＿＿

　　　　　毕业院校:＿＿＿＿＿＿＿　　专业:＿＿＿＿＿＿＿

联系方式:电子邮件:＿＿＿＿＿＿＿　　手机:＿＿＿＿＿＿＿

　　　　　通信地址:＿＿＿＿＿＿＿＿＿＿＿＿＿＿＿＿＿＿

　　　　　邮编:＿＿＿＿＿＿＿

教育背景:＿＿＿年—＿＿＿年　＿＿＿＿大学　＿＿＿＿＿专业

　　　　　＿＿＿年—＿＿＿年　＿＿＿＿大学　＿＿＿＿＿专业

工作经历:＿＿＿年＿＿月—＿＿＿年＿＿月　＿＿＿公司＿＿＿部门＿＿＿工作

　　　　　＿＿＿年＿＿月—＿＿＿年＿＿月　＿＿＿公司＿＿＿部门＿＿＿工作

外语水平:＿＿＿＿＿＿＿＿＿＿＿＿＿＿＿＿＿＿＿＿＿＿＿＿

计算机水平:＿＿＿＿＿＿＿＿＿＿＿＿＿＿＿＿＿＿＿＿＿＿

业余爱好:＿＿＿＿＿＿＿＿＿＿＿＿＿＿＿＿＿＿＿＿＿＿＿＿

四、下面列出的是在中国简历中常见的内容，比较一下与你们国家有什么不同

姓名　　　性别　　　年龄　　　学历　　　工作经历

工作经验　　外语水平　　电脑水平　　业余爱好　　联系方式

个人简历常用语

1	本人工作认真，具有很强的责任心	Běnrén gōngzuò rènzhēn, jùyǒu hěn qiáng de zérènxīn
2	英语听、说、读、写能力达到……水平	Yīngyǔ tīng、shuō、dú、xiě nénglì dádào……shuǐpíng
3	能够熟练地运用办公软件	Nénggòu shúliàn de yùnyòng bàngōng ruǎnjiàn
4	相信我就是此职位合适的人选	Xiāngxìn wǒ jiù shì cǐ zhíwèi héshì de rénxuǎn
5	期盼与您的面谈	Qīpàn yǔ nín de miàntán
6	希望我能为贵公司贡献自己的力量	Xīwàng wǒ néng wèi guì gōngsī gòngxiàn zìjǐ de lìliàng
7	大学专科（大专）	dàxué zhuānkē (dàzhuān)
8	大学本科（大本）	dàxué běnkē (dàběn)
9	硕士	shuòshì
10	博士	bóshì

三、面试

商务词语准备

1	待遇	dàiyù	名	treatment
2	岗位	gǎngwèi	名	position
3	报酬	bàochóu	名	reward
4	收入	shōurù	名	income

对话

面试官： 你好，请先介绍一下你自己的情况吧。

张晓洁： 好的。我的经历很简单，99年从南华大学中文系文秘专业毕业后，先后在两家公司当秘书，有几年的工作经验了。

面试官： 我们看了你的简历，觉得你目前的工作也不错，怎么想要换工作呢？

张晓洁： 待遇是还可以，可那是一家小公司，我很希望能更上一层楼，所以看到贵公司的招聘信息后，就打算换个工作。

更上一层楼
gèng shàng yì céng lóu
scale new heights

面试官： 你对总经理助理这个岗位是怎么看的？

张晓洁： 总经理助理做的是办公室的日常工作，虽然琐碎，但都很重要，需要有责任心和耐心，我觉得我能做好。

琐碎 suǒsuì trivial

面试官： 你考虑过报酬、待遇吗？

张晓洁： 我只希望我的收入和我的付出成正比，具体多少钱我没想过。

付出 fùchū pay

面试官： 好，面试结束了，回去等通知吧。

张晓洁： 好的，谢谢！

语句理解及练习

……和……成正比

一方发生变化，另一方也随之发生相应的变化。若另一方随之发生相反的变化，则为"反比"。如：

(1) 努力的程度和收获的多少成正比。
(2) 有些人的消费水平和收入成反比。

完成下面的句子

(1) 房价和_____成反比。

(2) 销售量和_____成正比。

对话理解及练习

一、如果面试中你被问到下面的问题，你会怎么回答

1. 说说你的优点和缺点。
　　_____

2. 你觉得上下级之间应该怎样相处？
　　_____

3. 为了实现你的目标，你会怎么做？
　　_____

4. 你在找工作时最看重的是什么？
　　_____

5. 遇到压力时，你怎么做？
　　_____

6. 你期望从工作中获得的最重要的回报是什么？
　　_____

二、讨论

1. 面试前要做好哪些准备？
2. 面试时应该注意什么？
3. 找工作时，你看重报酬和待遇还是别的方面？

综合练习

一、听力练习

（一）下面你将听到一段话，请你一边听一边在横线上填写汉字

在新的一年里，您想要创业吗？通过分析当前的市场，我们发现以下三个行业最具发展"钱景"。

第一是休闲饮品、中式特色小吃等 _____ 行业。

第二是药品店等 _____ 服务行业。

第三是化妆护理、瘦身减肥等 _____ 行业。

（二）听录音，选择最合适的答案

1. 男士认为 _____ 。
   - A. 招聘条件是这位女士写的
   - B. 招聘条件是根据这位女士的情况写的
   - C. 这位女士符合招聘条件
   - D. 招聘岗位对这位女士不合适

2. 女士 _____ 。
   - A. 对自己没什么信心
   - B. 不喜欢去上海
   - C. 对招聘岗位没兴趣
   - D. 决定不去应聘

二、词语练习：从ABCD四个词语中选择最恰当的填空

一 _____ 简历至少要包括以下几个方面的内容：

第一，应聘的 _____ 或求职希望；

第二，基本 _____ ：姓名、性别、联系方式；

第三，最高 _____ ：毕业院校及专业；

第四，与应聘有关的表现、经历和业绩等；

第五， _____ 材料的复印件。

1. A 张　　　B 份　　　C 条　　　D 件
2. A 岗位　　B 地位　　C 位置　　D 方位
3. A 条件　　B 要求　　C 消息　　D 信息
4. A 学习　　B 学历　　C 学问　　D 学业
5. A 相关　　B 关于　　C 关系　　D 关联

三、阅读练习：阅读下面的简历，以应聘人的口吻写一封求职信

姓名： Eileen	性别： 女
联系电话：13701153019	电子邮箱：eileen2020@sina.com

应聘职位：人力资源总监

工作经历

1996 — 2001　　汉河集团有限公司总经理助理

2001 —　　　　全景集团有限公司人力资源部总监

教育经历

1992 — 1996　　文华大学经济学院　　　　财会专业本科

1996 — 1999　　中原大学　　　　　　　　EMBA

语言：英语听说读写熟练，略懂西班牙语

兴趣爱好：古典音乐、读书、旅游、摄影

求 职 信

四、口语练习

你去一家公司面试,你需要:

1. 简单介绍一下自己的情况;
2. 说明前来应聘的原因;
3. 说明对应聘职位的设想。

时间:2分钟。

第三课　新员工

课前准备

1. 作为一名新员工，应该注意什么？
2. 在培训新员工时，一般会有哪些培训内容？

课文

一、万事开头难

商务词语准备

| 白领 | báilǐng | 名 | white collar |

对话

晓洁：爸，您看，我穿这身衣服怎么样？
父亲：哎呀，我女儿穿上这身套裙，还真像一个白领呢！
晓洁：当学生时总是穿休闲服，穿这么正式的衣服还有点儿不习惯呢！
父亲：刚开始工作啊，不习惯的事情还多着呢！
晓洁：是啊，明天是我第一天上班，真有点儿紧张。

套裙 tàoqún　overskirt
休闲服 xiūxiánfú casual wear
正式 zhèngshì formal

父亲：紧张什么？**万事开头难**，再说，每个人都是这样过来的。

晓洁：爸，跟我说说您的经验吧！

父亲：我只送给你四个字，那就是：少说多做。你在工作中慢慢体会吧。

晓洁：少说多做，好的，我记住了。

万事开头难
wàn shì kāitóu nán
everything has a hard beginning

体会 tǐhuì taste, realize

语句理解及练习

1. 形容词＋着呢

    表示较高的程度。用于口语。如：
    (1) 我累着呢，不想和你们去酒吧。
    (2) 哈尔滨的冬天冷着呢！

    📝 用"……着呢"表达下面的意思

    (1) 我的工作非常忙，没有时间去看电影。
    _____

    (2) 小张特别能干。
    _____

2. 形容词＋什么

    表示否定，意思是"不＋形容词"。常用于反对别人的意见。如：
    (1) A：你的这份工作挺好的啊！
        B：好什么啊，天天都要加班。
    (2) A：11点睡觉太晚了。
        B：晚什么啊，我从来没12点以前睡过觉。

    📝 用"形容词＋什么"完成下面的对话

    (1) A：早就听说过您，可没想到您这么年轻。
        B：_____

(2) A：张经理，您的高尔夫打得真棒！

　　　B：_____

对话理解及练习

一、用画线的词语回答下面的问题

　　1. 说说你学习汉语的<u>体会</u>。
　　2. 你同意"<u>万事开头难</u>"这种说法吗？为什么？
　　3. 哪些服装是<u>正式</u>的？哪些服装是<u>休闲</u>的？

二、你知道下面的词语指的是哪类工作或哪类人吗

　　1. 铁饭碗 _____
　　2. 泥饭碗 _____
　　3. 金饭碗 _____
　　4. 蓝领 _____
　　5. 金领 _____

三、说一说

　　1. 在你们国家，工作时对服装有哪些要求？
　　2. 如果今天是你第一天上班，你的心情可能会怎么样？
　　3. 如果你工作过，请说说你工作中的经验。

表达心情的词语

1	激动	jīdòng
2	兴奋	xīngfèn
3	忐忑不安	tǎntè bù'ān
4	高兴	gāoxìng
5	紧张	jǐnzhāng

二、工作第一天

商务词语准备

1	同事	tóngshì	名	colleague
2	办公桌	bàngōngzhuō	名	desk (in office)
3	办公用品	bàngōng yòngpǐn	名	office supplies
4	胸牌	xiōngpái	名	name tag
5	门卡	ménkǎ	名	entrance card

对话

晓洁：大家好，我是张晓洁，今天第一天上班，很高兴和大家成为同事。

同事：你好！来，这张办公桌是你的，办公用品都已经领来了。

晓洁：太谢谢了。我对公司的很多情况和规定还不了解，还要请你们多多指教啊。

同事：别这么客气。我是刘明，这几天由我带你尽快熟悉公司的情况。

晓洁：那太好了，麻烦你了！

同事：没什么。对了，这是你的胸牌，快戴上吧！这张是门卡，知道怎么用吗？

晓洁：真不好意思，我还不太清楚。

同事：没关系，我现在就带你去用一下，顺便给你介绍一下公司大楼的情况。

晓洁：好的。谢谢！

领 lǐng get

规定 guīdìng rule

指教 zhǐjiào give advice or comments

尽快 jǐnkuài as soon as possible

熟悉 shúxī know well

语句理解及练习

1. 由+名词性成分+动词性成分

   某个人、某个部门等负责做某事。比较正式。如：
   (1) 我的日程由秘书小张安排。
   (2) 培训工作由人力资源部负责。

   用"由"表达下面的意思

   (1) 这次活动的赞助方是迅达公司。
   _____

   (2) 小王，你来当晚会的主持人吧！
   _____

2. 顺便+动词性成分

   利用做某事的方便去做另外一件事。如：
   (1) 我路过银行的时候，顺便交了电话费。
   (2) 听说你要去小王那儿，可以顺便把这本书带给他吗？

   用"顺便"完成下面的句子

   (1) 商店离我的公司很近，_____。
   (2) 我要去医院看病，听说小张就住在那家医院，_____。

对话理解及练习

一、看下图，说出办公用品的名称

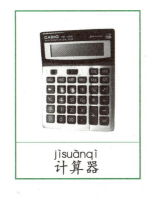
jìsuànqì
计算器

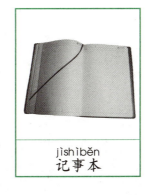
jìshìběn
记事本

qiānzìbǐ
签字笔

dìngshūjī
订书机

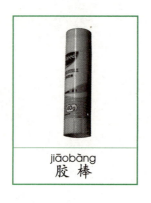
jiāobàng
胶棒

xiūgǎidài
修改带

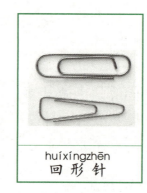
huíxíngzhēn
回形针

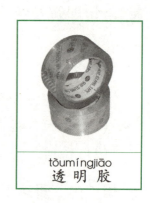
tòumíngjiāo
透明胶

二、如果你第一天上班时遇到下面这些问题，你会怎么办？然后请你想想还可能出现的情况，写在下边

1. 同事们对你不热情，甚至有点儿"欺生"；
2. 叫错了同事的名字；
3. 穿得很随意、很休闲，像个学生，可同事们穿得都很正式；
4. 走错了办公室；
5. 工作中发生了差错；
6. _____
7. _____
8. _____

三、用画线的词语回答下面的问题

1. 你所在的公司（/学校）对员工（/学生）有哪些<u>规定</u>？
2. 作为新员工，怎么才能<u>尽快熟悉</u>新环境？
3. 在<u>胸牌</u>上会有哪些内容？

四、选词填空

    带　　戴　　领

1. 老婆，今天我（　　）工资了。
2. 今天会下雨，你把雨伞（　　）上吧！
3. 胸前（　　）着红花的就是刘经理。

    熟练　　熟悉

1. 只有和（　　）的人在一起的时候，他才会说几句话。
2. 工人们（　　）地操作着机器。

新员工常用语

1	初次见面，请多多关照。	Chūcì jiàn miàn, qǐng duōduō guānzhào.
2	认识你很高兴。	Rènshi nǐ hěn gāoxìng.
3	我是新来的。	Wǒ shì xīn lái de.
4	麻烦您帮我介绍一下。	Máfan nín bāng wǒ jièshào yíxià.
5	我还不太熟悉公司的环境。	Wǒ hái bú tài shúxī gōngsī de huánjìng.
6	请各位前辈多多指教。	Qǐng gèwèi qiánbèi duōduō zhǐjiào.

三、岗前培训

商务词语准备

1	部门	bùmén	名	department
2	岗前培训	gǎngqián péixùn		orientation
3	反馈	fǎnkuì	动	feedback
4	试用期	shìyòngqī	名	probation period
5	评估	pínggū	动	assessment
6	聘用	pìnyòng	动	employ

对话

刘　总：各部门的岗前培训准备得怎么样了？

张经理：我们部门已经做好了各项准备工作，可以说是"万事俱备，只欠东风"了。

李经理：因为培训员小黄家中临时有事，不能参加岗位培训，所以我们还缺一个培训员。

刘　总：这个好办，我派小钱去帮个忙，他以前做过培训，在这方面很有经验。

项 xiàng item

临时 línshí temporary

缺 quē lack

> 李经理：那太好了，我们这里就没有问题了。
> 刘　总：我再提醒一下，一定要填好反馈表和新员工试用期的表现评估表，这对我们最终的聘用工作非常重要。
> 各经理：好的，知道了。

提醒 tíxǐng remind
表现 biǎoxiàn performance
最终 zuìzhōng final

语句理解及练习

1. 万事俱备，只欠东风

   比喻准备得非常充分，但还差最后一个重要条件。如：
   （1）A：你的考试准备得怎么样了？
   　　　B：万事俱备，只欠东风。（都准备好了，就等着考试了）
   （2）他们怎么还不来啊？我已经是万事俱备，只欠东风了。
   　　　（我都准备好了，只等他们了）

   体会"万事俱备，只欠东风"在下面句子中的意思

   （1）明天是我第一天上班，我觉得自己已经做好了充分的准备，"万事俱备，只欠东风"了。
   （2）我们已经做好了旅行的计划，就差买火车票了，可以说是"万事俱备，只欠东风"。

2. A 派 B ＋动词性成分

   安排某人做某事。A和B多为上下级关系。如：
   （1）公司派我去上海出差。
   （2）总经理打算派谁出国考察？

   用"派"改写下面的句子

   （1）我来中国学习汉语是公司的安排。

   （2）张总让我去北京分公司负责培训工作。

对话理解及练习

一、用画线的词语回答下面的问题

1. 在你们国家，新员工的<u>试用期</u>一般为多长时间？
2. 如果你是新员工，你希望在<u>岗前培训</u>中学到什么？
3. 你遇到过"<u>万事俱备，只欠东风</u>"的情况吗？

二、用指定的词语表达句子的意思

1. 你们部门的员工做得不错，公司会奖励你们的。（表现）

_____

2. 我最近老爱忘事儿，每天早上你得再跟我说一下需要做的工作。（提醒）

_____

3. 顾客多了，可是我们的收银员只有几个，太少了。（缺）

_____

4. 老张住院期间，他的工作由你负责一下。（临时）

_____

5. 这件事没什么难的，交给我就行了。（好办）

_____

三、选词填空

聘用　　应聘　　招聘

（　　　）启事发出后，前来（　　　）的人非常多，可最终一个都没（　　　）。

最终　　最后

1. 他们谈了半天，（　　　）还是不欢而散了。
2. 我这次出差，先去上海，再去西安，（　　　）才到大连。
3. （　　　）的评估结果出来了，小张排在（　　　）。

四、阅读理解下边的两张表

新员工岗位培训反馈表
（新员工到职后一周内填写）

部门：_____

新员工姓名：_____

1. 你是否已了解部门的组织结构及功能？
   是 ☐　　否 ☐

2. 你是否已清楚地了解自己的工作职责？
   是 ☐　　否 ☐

3. 你是否已熟悉公司大楼的情况？
   是 ☐　　否 ☐

4. 你是否已认识部门里所有的同事？
   是 ☐　　否 ☐

5. 你觉得部门岗位培训是否有效果？
   是 ☐　　否 ☐

6. 如果在工作中遇到问题，你是否知道怎么寻求帮助？
   是 ☐　　否 ☐

7. 在岗位培训中，可以改进的地方：
   _____

8. 在今后的工作中，希望接受更多以下方面的培训：
   _____

新员工试用期内表现评估表

（到职后30天部门填写）

部门：＿＿＿＿＿＿＿＿

新员工姓名：＿＿＿＿＿＿

职位：＿＿＿＿＿＿＿＿

1. 你对新员工一个月内的工作表现的总体评价：

    优 □　　良 □　　一般 □　　差 □

2. 新员工对公司的适应程度：

    很好 □　　好 □　　一般 □　　差 □

3. 新员工的工作能力：

    优 □　　良 □　　一般 □　　差 □

4. 其他评价：＿＿＿＿＿＿＿＿＿＿＿＿＿＿＿＿＿＿＿＿＿＿＿＿

    ＿＿＿＿＿＿＿＿＿＿＿＿＿＿＿＿＿＿＿＿＿＿＿＿＿＿＿＿＿

部门经理签名：＿＿＿＿＿＿＿＿＿＿

日期：＿＿＿＿＿＿＿＿＿＿

综合练习

一、听力练习：听录音，然后从ABCD四个选项中选出最恰当的答案

1. 新来的秘书是＿＿＿＿＿＿＿＿。

A

B

C

D

2. 从对话中我们可以知道_____。

　　A. 小王没有被聘用
　　B. 小王工作很努力
　　C. 小王是一个新员工
　　D. 小王还在试用期

二、词语练习：从ABCD四个词语中选择最恰当的填空

　　在索尼，不会特别强调____1____毕业的大学生与有经验者的区别，也不会刻意对大学生的专业____2____出要求。索尼认为新员工一开始不懂没关系，____3____认真学就可以了。他们在选择员工时注重的是五大标准：首先是好奇心，其次是恒心，第三是灵活____4____，第四是要求员工有承受打击的心理素质，第五就是乐观，员工要能接受经验教训，把下一____5____工作做好。

1. A 已　　B 刚　　C 就　　D 还
2. A 提　　B 说　　C 写　　D 找
3. A 只有　B 只好　C 只要　D 只能
4. A 度　　B 力　　C 制　　D 性
5. A 项　　B 种　　C 条　　D 门

三、口语练习

　　你参加了公司对新员工的培训，培训结束后，作为新员工代表在大会上发言。你需要：

　　1. 表示感谢；
　　2. 简要说明培训中的收获和体会；
　　3. 今后努力的方向及决心。

　　时间：2分钟。

第四课　答谢酒会

课前准备

1. 公司与客户联络感情的方式有哪些？
2. 如果你负责安排答谢酒会，需要在哪些方面进行准备？

课文

一、预订酒店

商务词语准备

1	酒会	jiǔhuì	名	reception, wine party
2	安排	ānpái	动	arrange
3	汇报	huìbào	动	report

对话

王　总：刘经理，酒会安排得怎么样了？
刘经理：我正要跟您汇报呢，请柬、礼品都准备好了，只是酒店……还没有确定。
王　总：怎么回事？

请柬 qǐngjiǎn
invitation card

确定 quèdìng confirm

刘经理：28号那天王朝酒店的所有房间都已经预订出去了。

王　总：是吗？看来明年我们得提前准备了。

刘经理：这件事责任在我，考虑不周，工作失误。

王　总：算了，下不为例。这样吧，你跟花园酒店的张总联系一下，我们俩是老朋友了，应该没问题。

刘经理：好的，我马上去办。

预订 yùdìng　reserve

提前 tíqián　in advance

不周 bù zhōu　not considerate

失误 shīwù　fault

下不为例 xià bù wéi lì
It won't happen again

语句理解及练习

这样吧

"这样吧"用于引出说话人的建议、主意、办法等。如：

(1) A：停电了，做不了晚饭了。

　　B：这样吧，我们叫外卖。

(2) A：张总，还没收到大明公司的传真，您看……？

　　B：这样吧，你直接给刘经理打电话，问一下具体的情况。

用"这样吧"完成下面的对话

(1) A：这件事到底让谁去做更合适呢？

　　B：＿＿＿＿＿＿＿＿＿＿＿＿＿＿＿＿＿＿＿＿＿

(2) A：马上就到年底了，给客户的礼品还没定下来，这可怎么办啊？

　　B：＿＿＿＿＿＿＿＿＿＿＿＿＿＿＿＿＿＿＿＿＿

对话理解及练习

一、从对话中找到适用于以下情境中的表达

1. 询问原因：

＿＿＿＿＿＿＿＿＿＿＿＿＿＿＿＿＿＿＿＿＿＿＿＿＿＿＿＿＿＿＿＿

2. 因工作上的失误表示歉意：
_____

3. 原谅别人：
_____

4. 上级交给你任务，你表示这就去做：
_____

二、用画线的词语回答下面的问题

1. 如果你在工作中出现<u>失误</u>，你会怎么解决？

2. 在你们国家，哪些情况下需要提前<u>预订</u>（酒店、机票、饭馆儿……）？一般要提前多长时间？

3. 在你们国家或你们公司，通常送给客户什么<u>礼品</u>？

二、安排酒会

商务词语准备

1	公关部	gōngguānbù	名	public relations
2	吩咐	fēnfu	动	instruct
3	规格	guīgé	名	specification
4	菜品	càipǐn	名	dish
5	内行	nèiháng	名	expert, adept

对话

刘经理：王经理，您好，我是华泰公司公关部的刘源。

王经理：刘经理，您好，贵公司酒会的事，张总刘经理：已经吩咐过了，有什么要求请尽管说。

刘经理：那太感谢了。我们这次酒会邀请的客人大概有两百人左右，需要一个大厅。

王经理：没问题，那就安排在迎宾厅吧，那里可以容纳250人。刘经理，我们的自助餐有五种规格，您看……？

容纳 róngnà accommodate

刘经理：麻烦你们按照最高规格安排菜品。

王经理：好的。那贵公司对大厅的布置、装饰有什么要求？

布置 bùzhì arrange, decorate

装饰 zhuāngshì decoration

刘经理：大厅应该是"华丽而典雅"的，至于具体的就交给你们来做了。这方面你们是内行嘛！

华丽 huálì gorgeous

典雅 diǎnyǎ elegant

王经理：谢谢您对我们的信任。您的要求我记下了，如果有什么变化，请您随时跟我们联系。

信任 xìnrèn trust

刘经理：好的，拜托你们了。

拜托 bàituō request sb. to do sth.

语句理解及练习

1. 尽管＋动词性成分

表示让对方想做什么就做什么，不要有顾虑。如：
(1) 这本书你尽管看，不用着急还给我。
(2) 你尽管吃，别客气。

用"尽管"表达下面的意思

(1) 你们对我有什么意见都可以提。

(2) 如果你生活上有困难就来找我，我会想办法帮你解决的。

2. 至于

　　用于引出同一话题的另一方面。如：
　　（1）这只是我个人的想法，至于其他人的意见，我还不太清楚。
　　（2）A：南方人春节吃什么？
　　　　　B：我一直都在北方生活，至于南方人的生活习惯，你最好去问小刘，她是南方人。

📝 用"至于"完成下面的对话

　　（1）A：麦克的汉语水平怎么样？
　　　　　B：我只知道他说得不错，_____。
　　（2）A：你对现在的这份工作满意吗？
　　　　　B：收入还可以吧，_____。

对话理解及练习

一、用画线词语回答下面的问题

　　1. 你们班的教室可以<u>容纳</u>多少人？
　　2. 你喜欢用什么<u>装饰</u>你的卧室？
　　3. 如果你有一个空房间，你打算怎么<u>布置</u>？
　　4. 你最<u>信任</u>谁？

二、从对话中找到适用于下列情境的表达

　　1. 称赞别人很专业：

　　　_____

　　2. 请人帮自己做事：

　　　_____

　　3. 表示谢意：

　　　_____

　　4. 表示问题可以解决，不必担心：

　　　_____

三、根据对话中刘经理的要求，填写下面这张记录单

记录单

华泰公司

活动：答谢酒会

要求：

1. _____

2. _____

3. _____

记录人：_____

四、讨论

（一）从以下几个方面说说你对一个"华丽而典雅"的酒会的理解

1. 色彩
2. 装饰
3. 服装
4. 音乐
5. 餐具
6. 菜品
7. 其他

（二）如果由你负责预订酒会的会场，除了对话中的内容外，你还会考虑到哪些方面？请列在下面

1. _____

2. _____

3. _____

预订酒店常用语

1	酒店已经预订好了。	Jiǔdiàn yǐjīng yùdìng hǎo le.
2	酒店的房间都预订出去了。	Jiǔdiàn de fángjiān dōu yùdìng chuqu le.

3	我们需要一个可以容纳200人的大厅。	Wǒmen xūyào yí ge kěyǐ róngnà èrbǎi rén de dàtīng.
4	自助餐有五种规格。	Zìzhùcān yǒu wǔ zhǒng guīgé.
5	按照最高规格安排菜品。	Ànzhàn zuì gāo guīgé ānpái càipǐn.
6	对大厅的布置和装饰有什么要求？	Duì dàtīng de bùzhì hé zhuāngshì yǒu shénme yāoqiú?

三、一张请柬

商务词语准备

1	客户	kèhù	名	client
2	合作伙伴	hézuò huǒbàn		partner
3	答谢	dáxiè	动	experss appreciation, acknowledge

短文

请　柬

　　为了感谢在过去的一年中对本公司给予极大帮助和支持的各位客户及合作伙伴，兹定于2012年8月28日晚上6点整在花园酒店迎宾厅举行答谢酒会。敬请光临！

　　如有任何疑问，敬请致电13012345678　公关部刘先生。

华泰公司
2012年8月1日

给予 jǐyǔ afford

兹 zī at present

举行 jǔxíng hold

光临 guānglín presence (of a guest)

任何 rènhé any

疑问 yíwèn query

短文理解及练习

一、用画线的词语回答下面的问题

1. 你所在的公司为哪些<u>客户</u>提供产品或服务？
2. 到目前为止，谁<u>给予</u>你的帮助最大最多？
3. 你所在的公司或城市<u>举行</u>过哪些大型活动？
4. <u>答谢</u>客户的方式有哪些？

二、读下面的句子，体会"致"的意义和用法

1. 站在领奖台上的运动员挥动着双手向观众致意。
2. 向为工厂做出贡献的工人们致敬！
3. 欢迎有意加盟者致电致函。
4. 下面，有请张总致开幕辞。

三、你因某种原因不能参加华泰公司的酒会，请分别用打电话和写电子邮件的方式通知华泰公司的经理

1. 电话录音：

（华泰公司）您好！这里是华泰公司，请您听到"嘀"声后留言。

（嘀——）_____

_____

_____

2. 电子邮件：

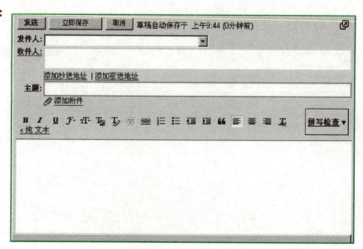

四、模仿短文，写一张请柬

请　柬

为了＿＿＿＿＿＿＿＿＿＿，兹定于＿＿＿＿＿＿＿＿＿在＿＿＿＿
＿＿＿＿＿＿＿举行＿＿＿＿＿＿＿＿。敬请光临。

如＿＿＿＿＿＿＿，敬请＿＿＿＿＿＿＿＿＿＿。

＿＿＿＿＿公司

＿＿＿＿年＿＿＿月＿＿＿日

请柬常用语

兹定于	zī dìngyú
诚邀	chéngyāo
敬请	jìngqǐng
恭候您的光临	gōnghòu nín de guānglín
莅临	lìlín
不胜荣幸	búshèng róngxìng
阁下	géxià

综合练习

一、听力练习：听录音，然后从ABCD四个选项中选出最恰当的答案

1. 男士在 _____ 。
   A. 问价格　　　B. 订包间　　　C. 查时间　　　D. 订外卖

2. 服务费是 _____ 。
   A. 5%　　　　　B. 10%　　　　 C. 15%　　　　 D. 25%

3. 男士如果6点半以后去饭店，可能会 _____ 。
   A. 没有饭菜了　B. 没有人吃饭了　C. 没有服务员了　D. 没有包间了

二、词语练习：从ABCD四个词语中选择最恰当的填空

　　九龙山庄拥有六十间不同 __1__ 的会议厅，可以同时 __2__ 多个国际、国内大型会议，最大的会议厅可 __3__ 近千人，并且可根据不同需要灵活 __4__ 场馆。由于会议众多，需要 __5__ 预订。

　　九龙山庄欢迎您的光临！

1. A 规格　　B 规划　　C 规矩　　D 规定
2. A 招待　　B 对待　　C 期待　　D 接待
3. A 容纳　　B 接收　　C 吸引　　D 座位
4. A 分布　　B 收拾　　C 修建　　D 布置
5. A 以前　　B 提前　　C 之前　　D 往前

三、阅读练习：阅读下面的表格，并试着填写

	业务招待请款单				
				年　月　日	
请款部门		请款人		陪同人数	
来宾单位		来宾人数		合计人数	
招待日期		招待场所			
费　用　概　算					
用餐费	交通费		礼品费	其他	合计
负责人意见		批准人意见			

四、口语练习

你所在的部门要举办一个欢迎新员工的晚会，请致电某酒店预订。要求说明：

1. 参会的人数、时间；
2. 会场的布置和装饰；
3. 晚宴的规格。

时间：2分钟。

第五课　联系方式

课前准备

1. 你怎么保存与他人的联系方式？
2. 公司之间常用哪些方式保持联系？

课文

一、询问传真

商务词语准备

1	日程	rìchéng	名	schedule
2	过目	guò mù		look over so check or approve
3	座谈会	zuòtánhuì	名	symposium
4	副	fù	形	assistant, deputy
5	购买意向	gòumǎi yìxiàng		purchase intention
6	传真	chuánzhēn	名、动	fax
7	查收	cháshōu	动	check

第五课　联系方式

对话

张秘书：刘总，这是您下周的日程，请过目。

刘　总：周五下午的员工代表座谈会张副总经理一个人去就行了，我就不参加了。

张秘书：好的。

刘　总：对了，大明公司确定购买意向的传真该到了吧？

张秘书：我这几天特别留意查收传真，可一直没收到。

刘　总：怎么回事？这样吧，你打个电话问一下，争取让他们尽快确定。

张秘书：好的，我这就去联系。

代表 dàibiǎo
representative

留意 liúyì
keep an eye on

争取 zhēngqǔ
endeavour to

语句理解及练习

1. 对了

在口语中，作为转变话题时的过渡语。如：

(1) A：你回来了？
　　B：我去吃饭了。对了，你上午去哪儿了？老总找你呢！
(2) 今天真够冷的。对了，我下午要去总公司，你有什么事吗？

用"对了"在下面的情境中表达

(1) 你和朋友正在聊天，突然想起有份报告还没完成，得先离开了，你对朋友说：

_____

(2) 你跟经理汇报完工作后，提醒他晚上有个晚宴需要参加：

_____

2. 这就 + 动词性成分

表示某种行为、情况即将发生。用于口语。如：
(1) 你等一下，他这就回来。
(2) 没有啤酒了？我这就去买。

📝 用"这就"完成下面的对话

(1) A：小李，请到我办公室来一下。

B：_____

(2) A：什么时候吃饭啊？我快饿死了！

B：_____

对话理解及练习

一、从对话中找出与画线的部分意思相近的表达

1. 请你<u>看一下</u>。
2. 这份报告很重要，你最好<u>快点儿</u>完成，<u>越快越好</u>。
3. 张秘书，我想看看下周<u>要做的事</u>。
4. 可以告诉我们贵公司<u>想买什么</u>吗？

二、除了以下两点外，秘书的日常性工作还有哪些？请列在下面

1. 安排日程
2. 收发传真
3. _____
4. _____
5. _____
6. _____

二、电话询问

商务词语准备

| 答复 | dáfù | 动、名 | reply |

对话

张秘书：赵秘书吗？我是顺达公司的小张。

赵秘书：啊，张秘书，我正要给你打电话呢。

张秘书：那太巧了！有什么事吗？

赵秘书：是这样的，两天前我们给贵公司发去了一份确定购买意向的传真，可一直没得到答复，因为客户催了好几次，我只好打个电话问问。

张秘书：啊？我们没收到传真啊？我也正想打电话询问贵公司的购买意向呢。

赵秘书：怎么回事？传真机上明明显示了传送成功啊！

张秘书：看来机器也不可靠啊，我们以前也发生过类似的情况。

赵秘书：那我现在马上再发一次，麻烦你收到后给我打个电话。

张秘书：好的。希望这次传送成功。

巧 qiǎo coincidentel

催 cuī urge

询问 xúnwèn ask about

显示 xiǎnshì display

传送 chuánsòng deliver

成功 chénggōng succeed

可靠 kěkào reliable

类似 lèisì similar

语句理解及练习

1. 是这样的

用于引出较复杂的解释性语句。如：

(1) A：你今天怎么又迟到了？

B：对不起，是这样的，我的车坏在半路了，路上又堵车，救援车半个小时以后才到，所以……

(2) A：你的汉语怎么说得这么地道啊？

B：是这样的，我曾经在中国工作过两年，当时住在一个中国人家里，这对我汉语水平的提高有很大的帮助。

用"是这样的"完成下面的对话

(1) A：小张不是在销售部工作吗？怎么把她调到人力资源部了？

B：＿＿＿＿＿＿＿＿＿＿＿＿＿＿＿＿＿＿＿＿

(2) A：大夫，他的病严重吗？

B：＿＿＿＿＿＿＿＿＿＿＿＿＿＿＿＿＿＿＿＿

2. 明明

表示某种情况是显而易见的。常用于表示质疑的语气。如：

(1) 我的钱包呢？我明明把它放在这儿的。

(2) 我明明告诉你今天要穿正装，你怎么还是穿了牛仔裤呢？

用"明明"在下面的情境中表达

(1) 你的朋友爱上了一个人，可是却不敢表白，你对他说：

＿＿＿＿＿＿＿＿＿＿＿＿＿＿＿＿＿＿＿＿＿＿＿＿＿＿

(2) 一听对方的回答就知道他完全没明白这句话的意思，可是他却说明白了。这时你批评他：

＿＿＿＿＿＿＿＿＿＿＿＿＿＿＿＿＿＿＿＿＿＿＿＿＿＿

3. 看来

根据某种客观情况做出某种主观判断、推论。"看来"前为客观情况，后为主观判断或推论。如：

(1) 下大雪了！看来今天要堵车了，咱们还是早点儿出发吧！

(2) 小张今天还没来吗？看来病得不轻啊！

完成下面的句子

(1) 这台传真机修了几次都不行，看来 _____。

(2) 老板气得都拍桌子了，看来_____。

对话理解及练习

一、用指定的词语表达下面的意思

1. 你别信小王说的，他总是说一套，做一套。（可靠）

_____

2. 父母多次来信让我回老家结婚。（催）

_____

3. 每个人都不希望失败。（成功）

_____

4. 公司的表是9点过两分，所以你迟到了。（显示）

_____

5. 谢谢你，今后再遇到这样的情况，我就知道怎么做了。（类似）

_____

6. 小李刚刚出去，要不你改日再来吧？（巧）

_____

二、汉英连线

惠普	SAMSUNG
爱普生	RICOH
三星	HP
理光	CANON
富士施乐	EPSON
佳能	FUJI XEROX
东芝	TOSHIBA

三、你知道下面这些办公设备是什么吗

1. 打印机
2. 传真机
3. 复印机
4. 扫描仪
5. 一体机

电话常用语

1	请转告……	Qǐng zhuǎngào……
2	请听到"滴"声后留言。	Qǐng tīngdào "dī" shēng hòu liúyán.
3	您所拨打的电话正在通话中，请您稍后再拨。	Nín suǒ bōdǎ de diànhuà zhèngzài tōnghuà zhōng, qǐng nín shāohòu zài bō.
4	您所拨打的电话已关机。	Nín suǒ bōdǎ de diànhuà yǐ guān jī.
5	您所拨打的电话不在服务区。	Nín suǒ bōdǎ de diànhuà bú zài fúwùqū.
6	总机/分机	zǒngjī/fēnjī

三、传真内容

商务词语准备

1	收件人	shōujiànrén	名	recipient
2	发件人	fājiànrén	名	sender
3	抄送	chāosòng	动	copy to
4	款	kuǎn	名、量	style
5	型	xíng	名	type
6	报价	bào jià		offer, quoted price
7	恭盼	gōngpàn	动	hope for (with great respect)

短文

电　话：(010) 82215608

传　真：(010) 82215706

日　期：2012年5月23日

收件人：刘明总经理

发件人：钱亮

抄　送：张华副总经理

页　数：1

顺达公司：

　　我公司现有意购买贵公司的07A型笔记本电脑一百台。希望贵方尽快提供该款电脑的报价。

　　恭盼答复。

　　　　　　　　　　　　　　大明公司

提供 tígōng offer, supply

语句理解及练习

1. 有意+动词性成分

   在商务交往中常用来表示公司的行为意向。如：
   (1) 我方有意与贵公司进行合作。
   (2) 随着中国经济的发展，很多国外的知名企业有意进入中国市场。

   用"有意"表达下面的意思

   (1) 一家外国企业打算收购我们公司。

   _____

   (2) 今年，我们的计划是把公司的产品打入南方市场。

   _____

2. 该＋名词性成分

   指代上文提到的人或事物，书面语。如：
   (1) 黄金周期间，金顺旅行社成为遭到投诉最多的旅行社之一。日前，记者采访了该社负责人。
   (2) 她毕业于北京四中，该校是北京市重点中学。

   用"该"改写下面的句子

   (1) 1994年，智联公司在中国成立，到目前为止，这家公司已经协助数百家企业招聘经理人。

   _____

   (2) 我花了两天时间读完了这本畅销书，给我留下深刻印象的是这本书的第三章。

   _____

第五课 联系方式

短文理解及练习

一、读下面的句子，体会"型"与"款"在意义上的区别

1. 今年的新款都不打折，只有旧款的才打折。
2. 这种新型材料有很好的保温效果。
3. 他参加过多次大型国际会议。
4. 你是什么血型？
5. 展示厅里摆放着各款大衣。

二、用短文中正式的表达方式改写下面的句子

1. 我们公司想买这种复印机。

   _____

2. 希望你们告诉我们这款电脑的价钱。

   _____

3. 等你们的回信。

   _____

三、试着给大明公司回一份报价的传真

电话：_____

传真：_____

日期：_____

收件人：_____

发件人：_____

抄送：_____

页数：_____

大明公司：_____

_____

_____

传真常用语

原件	yuánjiàn
传真件	chuánzhēnjiàn
发送/接收传真	fāsòng/jiēshōu chuánzhēn
发送成功/失败	fāsòng chénggōng/shībài
国际/国内传真	guójì/guónèi chuánzhēn

综合练习

一、听力练习：听录音，然后从ABCD四个选项中选出最恰当的答案

1. 李明大概是 _____ 到北京的。
   A. 2月初　　　B. 2月中　　　C. 3月初　　　D. 3月底

2. 李明来北京 _____ 。
   A. 工作　　　B. 见朋友　　　C. 学习　　　D. 购物

二、词语练习：从ABCD四个词语中选择最恰当的填空

诺亚公司日前推出了一款新型手机，据一项网上调查 __1__ ，尽管 __2__ 手机在样式上与老款手机 __3__ ，但因为增加了不少新功能而受到很多年轻人的欢迎。如果你最近有购买手机的 __4__ ，不妨 __5__ 一下此款手机。

1. A 表示　　　B 显示　　　C 说明　　　D 表明
2. A 一　　　　B 那　　　　C 该　　　　D 本
3. A 似乎　　　B 好似　　　C 似的　　　D 类似
4. A 意向　　　B 意思　　　C 意见　　　D 意图
5. A 当心　　　B 购买　　　C 留意　　　D 使用

三、口语练习

办公室的传真机坏了,请你给修理部打电话,联系修理事宜。要求:

1. 说明传真机的毛病;
2. 请对方尽快修理;
3. 约定时间和联系方式。

四、写作练习

你所在的公司想购买一台传真机,请给某公司写一封电子邮件询问价格。内容包括:

1. 说明购买意向;
2. 询问价格;
3. 要求对方尽快答复。

要求:正式语体,不少于100字。

第六课　企业文化

课前准备

1. 你认为什么是企业文化？
2. 公司可以通过哪些方式宣传自己的企业文化？

课文

一、安排展介会

商务词语准备

1	展介会	zhǎnjièhuì	名	the company show, exhibition
2	会场	huìchǎng	名	conncil house
3	展台	zhǎntái	名	booth, exhibition stand
4	器材	qìcái	名	equipment
5	发言	fā yán		make a statement

短文

各位，下个月的公司展介会不仅关系到公司的形象，而且也关系到明年的招聘，希望大家重

形象 xíngxiàng image

视。下面我来安排一下：

会场布置由李华负责，灯光、展台、麦克风等器材请直接跟饭店联系；张亮负责准备宣传材料；赵明，你选三名发言代表，要求来自不同部门，具有不同的背景、经历，语言表达能力强，你尽快确定名单，以便他们有足够的时间准备。

主要工作就是这些，大家还有什么问题吗？

灯光 dēngguāng lighting

麦克风 màikèfēng microphone

直接 zhíjiē direct

背景 bèijǐng background

名单 míngdān list

语句理解及练习

1. A关系到B

    表示A对B来说非常重要。如：
    (1) 这次考核的成绩关系到明年我的工作岗位。
    (2) 这份合同关系到公司今后的发展。

    用"关系到"完成下面的对话

    (1) A：不就是一次考试吗？没必要这么紧张！
        B：_____
    (2) A：你打算怎么处理这次的客户投诉？
        B：_____

2. ……，以便……

    "以便"用于后一分句开头，连接两个小句，意思是做某事为了某种目的容易实现。如：
    (1) 大家先做个自我介绍吧，以便互相了解。
    (2) 请留下您的联系电话，以便我可以及时通知您。

    用"以便"完成下面的句子

    (1) 你也申请一个QQ号吧，_____。
    (2) 我想熟练地掌握英语，_____。

短文理解及练习

一、用画线的词语回答下面的问题

1. 在展介会上需要使用哪些<u>器材</u>？
2. 在很多人面前<u>发言</u>时，你感觉如何？
3. 你是一个注意个人<u>形象</u>的人吗？请举例。
4. 说说你的教育<u>背景</u>。
5. 与你的生活、学习、工作有直接关系的人是谁？请列出一份<u>名单</u>。

二、角色扮演

A 为李华，B 为某饭店员工。李华打电话联系公司展介会会场的布置。

三、思考后回答

1. 一家公司会从哪些方面向求职者进行展示和介绍？
2. 如果你是赵明，说说你会选择什么样的发言代表，为什么？

四、按照要求填写下面的表格

大明公司展介会反馈表

姓名：_____   学校：_____

年级：_____   专业：_____

兴趣：_____

电子邮箱：_____

对此次展介会的反馈：_____
_____

如果你不希望我们和你联系，请在这里画✓ ☐

填写这张表格并把它交给大明公司的任一员工，你将有机会于2012年1月参观大明公司在上海的总部，届时你将对公司有更新的认识和了解。

大明公司
damingcompany@careers

二、代表发言

商务词语准备

1	企业文化	qǐyè wénhuà		corporate culture
2	经营理念	jīngyíng lǐniàn		management idea
3	传达	chuándá	动	convey
4	总部	zǒngbù	名	headquarters

短文

代表一：

　　我在公司工作六年了，最大的体会就是工作要从小事入手，从身边做起，才会取得成功。可以说，做人比做事更重要。

代表二：

　　我们公司非常重视企业文化和员工教育。新员工到公司后首先是了解企业的经营理念，其次是接受礼仪、作息习惯等日常培训，另外，公司还会定期向员工传达公司总部的最新理念。

接受 jiēshòu receive

定期 dìngqī at regular intervals

代表三：

　　我进入公司后吃过很多苦，最大的一次就是30公里的长跑。我从来没想过自己还能做到！当我到达终点的时候，我觉得自己是最棒的，那是一种战胜自我的快乐。

终点 zhōngdiǎn destination

战胜 zhànshèng defeat

语句理解及练习

1. 从……入手

    表示从某件事情开始做。如：
    (1) 公司上级打算从精简员工入手进行改革。
    (2) 这么多工作啊，我都不知道从哪儿入手了。

    用"从……入手"表达下面的意思

    (1) 工厂要发展，首先应该解决产品的质量问题。
    _____
    (2) 员工培训的第一步是让他们了解企业文化。
    _____

2. 另外

    表示在说过的情况之外。常用于两个小句之间，或名词性成分之前。如：
    (1) 他是名牌大学的毕业生，另外还有工作经验，是个难得的人才。
    (2) 我还想跟你说另外一件事。

    用"另外"完成下面的对话

    (1) A：这次年假，你打算怎么安排？
       B：_____
    (2) A：简单介绍一下你的工作经历吧！
       B：_____

短文理解及练习

一、用画线的词语回答下面的问题

  1. 说说你的<u>作息</u>习惯。
  2. 你觉得自己什么方面<u>最棒</u>？
  3. 你有过<u>战胜</u>自我的经历吗？
  4. 你<u>定期</u>去医院检查身体吗？

二、选词填空

自己　　自我

1. 这个工作你一定要（　　　）完成，不能找别人帮忙。
2. 小王这个人什么都好，就是太（　　　）了。
3. 请新员工作个（　　　）介绍吧！
4. 凡事要为别人考虑，不能只想着（　　　）。

三、读下面的句子，说说带"吃"的词语的意思

1. 他的家庭条件不错，从小没吃过苦。
2. 现在什么行业比较吃香？
3. 糟糕！这家的报价比他们低多了，我们吃亏了！
4. 听到老板的话，大家都吃了一惊。

四、如果你曾经工作过，说说你印象最深刻的一次工作经历或体会

中国知名企业

Haier	海尔 Hǎi'ěr
Lenovo	联想 Liánxiǎng
Baidu	百度 Bǎidù
Vanke	万科 Wànkē
BYD (build your dreams)	比亚迪 Bǐyàdí
Galanz	格兰仕 Gélánshì

三、公司文化

商务词语准备

1	上级	shàngjí	名	superior

2	工资	gōngzī	名	wage
3	增长	zēngzhǎng	动	increase
4	业绩	yèjì	名	achievement
5	工作效率	gōngzuò xiàolǜ		work efficiency
6	加班	jiā bān		work overtime

短文

如果你在一家美国公司工作，你应该具有的是：

平等意识——在公司，如果你有比上级更好的想法和意见，完全可以直言；

商业头脑——公司根据职位的大小、工作的复杂程度等确定工资，工资的增长与员工的业绩紧密相关。

时间观念——公司对工作效率要求很高，通宵加班是常事，不过待遇很好。

意识 yìshi consciousness
头脑 tóunǎo mind
复杂 fùzá complex
紧密相关 jǐnmì xiāngguān closely related
观念 guānniàn idea
通宵 tōngxiāo all-night

语句理解及练习

根据+名词性成分

表示以某种情况作为依据、基础。如：
(1) 根据公司的安排，下半年我会去上海分公司工作。
(2) 我们将根据您的时间安排日程。

用"根据+名词性成分"表达下面的意思

(1) 天气预报说最近会大风降温。

（2）市场需求变化了，我们产品的价格也得发生变化。

_____

短文理解及练习

一、用画线的词语回答下面的问题

1. 你们国家的公司会经常让员工<u>加班</u>吗？
2. 如果你对某事的看法与<u>上级</u>不同，你会怎么做？
3. 在你们国家，<u>职位</u>的高低重要吗？
4. 一天中，你在什么时候<u>工作效率</u>最高？
5. 你为了工作或学习干过<u>通宵</u>吗？
6. 在你们公司，员工的<u>业绩与工资成正比</u>吗？

二、选词填空

意识　　头脑　　观念

1. 不管在什么时候，你都要保持清醒的（　　　）。
2. 我们老板的（　　　）太落后了，所以公司没什么发展。
3. 很多人缺少法律（　　　），不知道运用法律来保护自己。
4. 小刘是个（　　　）简单的人。
5. 对不起，我没（　　　）到自己说错话了。
6. 我们俩对这件事的（　　　）不同。

三、说一说

1. 在你们国家，公司员工之间如何互相称呼？
   (1) 对上级：_____
   (2) 对下级：_____
   (3) 对平级：_____

2. 如果你了解美国企业，你同意短文的内容吗？

3. 你希望进入什么样的企业？

四、调查：中国公司的文化

要求：

1. 你可以通过发放调查问卷、采访相关人员、网上搜集资料等办法进行这一调查；
2. 将中国企业的文化特点与你们国家作比较；
3. 向大家汇报你的调查和比较的结果。

世界知名企业名称

公司标识	中文常用名称	
WAL★MART 沃尔玛	沃尔玛	Wò'ěrmǎ
GM	通用	Tōngyòng
TOYOTA	丰田	Fēngtián
Ford	福特	Fútè
citi	花旗	Huāqí
HSBC 汇丰	汇丰	Huìfēng
SIEMENS	西门子	Xīménzǐ
Carrefour	家乐福	Jiālèfú
SAMSUNG	三星	Sānxīng

综合练习

一、听力练习：听录音，填出空缺的内容

> **展介会时间表**
>
> 18：30—19：00　来宾_____
>
> 19：00—19：10　观看录像
>
> 19：10—19：45_____、来宾提问
>
> 19：45—21：00_____时间，自由交谈

二、词语练习：从ABCD四个词语中选择最恰当的填空

　　尽管流利的英语能让你在德国企业毫无阻碍，但如果想做到中高层____1____，你还是得会说德语。这不仅____2____有利于沟通，最重要的是在心理上能让德国人觉得亲切。德国人做事很____3____，自己付出了劳动，就要得到相应的报酬。如果老板让你加班，你可以____4____老板的面把加班的条件说清楚。别担心，这种做法会得到上司的认可，因为这种行为极具商业____5____。

1. A 地位　　B 水平　　C 阶段　　D 职位
2. A 更　　　B 越　　　C 再　　　D 又
3. A 实行　　B 真实　　C 实际　　D 真正
4. A 由着　　B 当着　　C 对着　　D 向着
5. A 思想　　B 脑筋　　C 头脑　　D 想法

三、阅读练习：阅读ABCD四段短小的文字材料，然后判断哪个句子与哪段材料有关系

1. 学历不重要。
2. 要有激情。
3. 能力最重要。
4. 看重品格。

5. 不喜欢高傲的人。

6. 知识量随着时间可以改变。

A

西门子认为能力才是最重要的，因为一个人的知识量，两三年的时间就可以改变，经验也会随之改变。因此，在西门子，招聘人才往往是能力考查占40分钟，考查经验花半个小时，而考查知识仅用5分钟就够了。

B

在佳能看来，大专、大本、硕士、博士，这并不重要。因为在公司里面有不同的岗位，不同的岗位有不同的员工去做不同的事情。只要专业知识达到一定的程度，经过面试条件合适的话，就会录用。

C

安利公司对人才的品格有很严格的要求。安利的营销人员无论在什么时候都应该把"言必信、行必正"作为基本理念。一旦发现有假学历、假文凭者，即使已经是经理级人物，为公司作出过巨大贡献，也照样会被开除。

D

欧莱雅公司的人才应该像诗人一样富有激情和创造力，又要像农民一样脚踏实地。在招聘时，更倾向于有主动性、创造力又能接受规则的年轻人，而不倾向于自视过高又不喜欢做具体工作的人。

四、写作练习

写一篇短文，介绍本国的一家知名企业。包括：

1. 公司的发展经历；
2. 公司的经营情况；
3. 公司的文化理念。

要求：不少于250字。

五、口语练习

你作为某家公司的代表之一,在展介会上发言。内容包括:

1. 工作经历;
2. 对公司或工作的认识;
3. 公司或工作对你的影响。

时间:2分钟。

第七课 广 告

课前准备

1. 你喜欢广告吗？喜欢什么类型的广告？
2. 人们在哪些地方可以接触到广告？

课文

一、明星广告

商务词语准备

1	平面广告	píngmiàn guǎnggào		print ads
2	创意	chuàngyì	名	creativity
3	生意	shēngyi	名	business
4	宣传	xuānchuán	动	make generally known
5	设计	shèjì	动	design
6	方案	fāng'àn	名	scheme

对话

李先生：胡女士，贵公司对我们设计的那个平面广告还满意吗？

第七课 广告

胡女士：那还用说吗？我们刘总非常欣赏你们的创意！看，又给你们送生意来了。

李先生：真是太感谢了！这次又有什么新的想法？

胡女士：还是上次的产品，为了加强宣传，公司决定请明星拍广告在电视台播出。

李先生：对明星有什么要求？

胡女士：首先，明星的形象要符合产品"运动着，快乐着"的主题；第二，要请当红明星；第三，不能请有绯闻的明星。

李先生：好的，我都记下了。我们会抓紧时间物色明星，同时设计广告方案。

胡女士：太好了，那就等你们的消息了。

欣赏 xīnshǎng appreciate

加强 jiāqiáng enhance

当红 dānghóng hot, popular

绯闻 fēiwén affair

抓紧 zhuājǐn firmly grasp

物色 wùsè look for

语句理解及练习

那还用说

意为无需多言，当然如此。常用于对话中，表示肯定。如：

(1) A：这个周末你来加班吗？
    B：那还用说，我敢不来吗？

(2) A：小张工作怎么样？
    B：那还用说，张总介绍来的嘛！

用"那还用说"完成下面的对话

(1) A：周末的同学聚会你参加吗？
    B：_____

(2) A：这家公司的产品质量怎么样？
    B：_____

73

对话理解及练习

一、用对话中的词语表达画线的部分

1. <u>到目前为止</u>,我们还没<u>找</u>到合适的人。
2. 现在<u>最有名</u>的男歌手是谁?
3. 老板<u>觉得</u>小李的工作能力<u>很强</u>。
4. 为了扩大产品的知名度,公司决定<u>加大宣传的力度</u>。
5. 这个明星的形象<u>和</u>我们推出的主题不<u>一致</u>。
6. 请大家<u>不要浪费时间</u>,争取尽快完成设计方案。

二、从以下几个方面介绍一个明星广告

1. 明星的简介;
2. 宣传的产品;
3. 广告的创意;
4. 你的评价。

三、讨论:你会请什么样的明星给下面的产品做广告

1. 冰箱
2. 运动鞋
3. 护肤品
4. 手机
5. 果汁

二、广告词

商务词语准备

1	品牌	pǐnpái	名	brand
2	广告词	guǎnggàocí	名	advertising commentary

第七课 广告

短文

中国品牌广告词

美加净（护肤品）——一切靠品质说话

南孚（电池）——电力强劲更持久

五粮液——中国酒业大王

李宁（运动服）——一切皆有可能

红旗（汽车）——传承经典，开拓未来

海尔（电器）——真诚到永远

青岛（啤酒）——激情酿造，为生活创造快乐

美的（空调）——原来生活可以更美的

吉利——造老百姓买得起的好车

汇源——喝汇源果汁，走健康之路

农夫山泉——农夫山泉有点儿甜

光明——我家的乳品专家

品质 pǐnzhì quality
强劲 qiángjìng powerful
持久 chíjiǔ lasting
皆 jiē all
传承 chuánchéng inherit
经典 jīngdiǎn classic
开拓 kāituò open up (future)
酿造 niàngzào brew (beer, etc.)

乳品 rǔpǐn dairy food

语句理解及练习

动词＋得起＋名词性成分

可以表示有经济能力支付。否定形式是"……不起"。常见的有：吃得起、买得起、住得起、上得起（学）、租得起、养得起。如：

（1）一些贫困地区的孩子根本上不起学。

（2）这么贵的菜，你吃得起吗？

用"……得起""……不起"完成下面的句子或对话

（1）这种笔记本电脑太贵，_____。

（2）我的房费是由公司支付的，_____。

（3）A：咱们养条狗吧！

　　B：_____

短文理解及练习

一、下面的广告语说的是什么？请连线

左	右
冷热酸甜，想吃就吃	牙膏
上上下下的感觉	打字机
种下平安，收获人生	酒
人头马一开，好事自然来	咖啡
好好学，天天上	理发店
别以为你丢了头发，应看做你赢得了面子	网站
不打不相识	保险公司
钻石恒久远，一颗永流传	电梯
味道好极了	首饰

二、试着把你们国家的一些经典广告词翻译成汉语。比较一下，与中国的广告词有什么异同

三、你认为好的广告词应该具备哪些条件？请写在下面

1. _____
2. _____
3. _____
4. _____
5. _____

三、广告价格

商务词语准备

1	常规价格	chángguī jiàgé		conventional price

2	单位	dānwèi	名	unit
3	执行	zhíxíng	动	perform, carry out
4	加收	jiāshōu	动	charge extra fee
5	合同	hétong	名	contract
6	签订	qiāndìng	动	sign
7	付款	fù kuǎn		pay
8	退款	tuì kuǎn		refund
9	知识产权	zhīshi chǎnquán		intellectual property
10	肖像权	xiāoxiàngquán	名	right of portraiture

短文

2007《今日说法》常规价格

《今日说法》播出安排：

	频道	周一至周日
首播	CCTV-1综合频道	12:38—12:58
重播	CCTV-12社会与法频道	09:25—09:45

《今日说法》广告价格：（单位：元/次）

时长	5秒	10秒	15秒	20秒	25秒	30秒
价格	31000	47000	59000	80000	94000	106000

说明：本价格为首播价格，重播不计价，从2007年1月1日开始执行。除夕、正月初一、初二、初三的广告价格加收20%。酒类企业加收10%。合同签订付款后，在播出前30天内要求停播的，退款50%，在播出前10天内或播出中要求停播的，不予退款。如发生知识产权、肖像权等纠纷，我公司不承担任何责任。

播出 bōchū broadcast

频道 píndào channel

除夕 chúxī Chinese New Year's Eve

正月 zhēngyuè the first month of the lunar year

纠纷 jiūfēn dispute

承担 chéngdān be responsible for

语句理解及练习

不予 + 双音节动词

意为不给……。比较正式。常与介词"对"搭配使用。常见的双音节动词如：支持、考虑、聘用、录取、解释、说明、采纳、受理、回复。如：

(1) 对一些顾客的无理要求，本公司不予考虑。

(2) 对我们的意见，经理根本不予采纳。

用指定表达把下面的句子变得更加正式

(1) 公司只聘用硕士生和博士生。（不予聘用）
_____

(2) 学校不录取品行恶劣的学生。（不予录取）
_____

短文理解及练习

一、用画线的词语回答下面的问题

1. 在你们国家，电视广告的<u>常规价格</u>是多少？
2. 说说你最喜欢的电视<u>频道</u>。
3. 你知道哪些长度（/重量/货币）<u>单位</u>？
4. 在你们国家，对什么企业或在什么时间会<u>加收</u>广告费？

二、调查：下面是消费者了解商品的几种途径，请在你居住的地方进行一次调查，然后按照其影响力的大小排序

1. 产品试用装
2. 看报纸
3. 网络
4. 朋友介绍
5. 看电视
6. 推销员或推销电话

三、读出下面的数字

2370   500000   88000   5739080   14690000

四、讨论

1. 什么电视节目的广告收入比较多？
2. 什么时间段是广告播放的黄金时间？
3. 电视上播放广告时，你会做什么？

　　A. 去洗手间　　　B. 吃点东西　　　C. 换频道　　　D. 聊天
　　E. _____　　　F. _____　　　G. _____　　　H. _____

与广告相关的常用语

1	广告的播出时间是30秒。	Guǎnggào de bōchū shíjiān shì sānshí miǎo.
2	我要找一家广告代理公司。	Wǒ yào zhǎo yì jiā guǎnggào dàilǐ gōngsī.
3	我们要聘请有名的广告模特。	Wǒmen yào pìnqǐng yǒumíng de guǎnggào mótè.
4	公司不惜投入巨资做广告。	Gōngsī bùxī tóurù jùzī zuò gǎnggào.
5	这个广告的创意非常独特。	Zhè ge guǎnggào de chuàngyì fēicháng dútè.
6	户外广告	hùwài guǎnggào
7	平面广告	píngmiàn guǎnggào
8	公益广告	gōngyì guǎnggào

综合练习

一、听力练习：听录音，然后从ABCD四个选项中选出最恰当的答案

1. 女士买的是_____。

　　A. 护肤品　　　B. 食品　　　C. 生活用品　　　D. 电器

2. 从对话中可以知道，男士_____广告。

　　A. 从不看　　　B. 常常看　　　C. 喜欢看　　　D. 有时候看

二、词语练习：从ABCD四个词语中选择最恰当的填空

美国广告商每年有一个"兵家必争"的黄金 ___1___，就是超级杯美式足球赛开幕，此时的费用相当 ___2___。不过，超级杯一枝独秀的局面，在明年 ___3___ 被打破，因为热播十年的热门电视剧《六人行》在明年5月会 ___4___ 长达两小时的完结篇，NBC电视网现在就 ___5___ 出"30秒广告收200万美元"的天价，相当于 ___6___ 剧平常广告卖价的四倍多，创下令人咋舌的新纪录。

1. A 时间　　B 时段　　C 时候　　D 时长
2. A 昂贵　　B 低廉　　C 普通　　D 高级
3. A 已经　　B 曾经　　C 即将　　D 刚刚
4. A 演出　　B 放出　　C 映出　　D 播出
5. A 开　　　B 要　　　C 写　　　D 下
6. A 本　　　B 该　　　C 这　　　D 当

三、阅读练习：阅读短文，然后从ABCD四个选项中选出最恰当的答案

请了大明星，却舍不得多花点儿钱做创意，这就好比买了上好的猪肉却舍不得买一点儿葱姜，舍不得请好的厨师来做，<u>好好的原料</u>没做出好菜，白扔了请明星的费用。举个例子来说，把喜剧明星赵本山和高科技的"北极绒"保暖内衣连在一起可不是件容易的事，绞尽脑汁之后，我们终于想出了"外星人劫持赵本山"的创意，外星人的高科技元素加上赵本山的喜剧才华，在创意中恰当地结合在了一起。既用好了明星，又达到了产品和品牌传播的要求，广告语"地球人都知道"更是成为当时的流行口语。

1. 这段话的中心意思是：
   A. 拍广告片要舍得花钱　　B. 拍广告不能浪费钱
   C. 喜剧性的广告受欢迎　　D. 广告创意非常重要

2. "好好的原料"比喻的是：
   A. 创意　　B. 明星　　C. 品牌　　D. 产品

第八课 财务

课前准备

公司的财务部门主要负责哪些工作?

课文

一、存款咨询

商务词语准备

1	办理	bànlǐ	动	transact
2	存款	cún kuǎn		deposit
3	业务	yèwù	名	business
4	咨询	zīxún	动	consult
5	外币	wàibì	名	foreign currency
6	人民币	rénmínbì	名	RMB, CNY
7	限额	xiàn'é	名	limit

对话

银行职员:您好,先生,有什么需要帮忙吗?
李 先 生:我们公司要办理定期存款业务,我来咨询一下。

银行职员：是外币还是人民币？

李先生：有什么不同吗？

银行职员：人民币的定期存款期限有三个月、半年等六个档次，而外币只有五个。

李先生：有最低存款限额吗？

银行职员：有，要求一次性存入人民币一万元或等值外币。

李先生：哦，我知道了。

银行职员：先生，您先看看这份具体的说明吧，如果有问题，欢迎您随时咨询。

李先生：好的，谢谢。

期限 qīxiàn period

档次 dàngcì (deposit) class

一次性 yícìxìng one-off

等值 děngzhí equivalent

说明 shuōmíng instruction

对话理解及练习

一、用画线的词语回答下面的问题

1. 在我们的日常生活中，有哪些<u>一次性</u>用品？
2. 在银行可以<u>办理</u>哪些个人<u>业务</u>和公司<u>业务</u>？
3. 你有<u>定期存款</u>吗？你的<u>存款期限</u>是多少？
4. 与一万元人民币<u>等值</u>的美元(/英镑/欧元/日元/泰铢/韩币……)是多少？
5. 你们国家的定期存款有几个<u>档次</u>？

二、你能写出下面这些数字的大写吗

1	2	3	4	5	6	7	8	9	10
一	二	三	四	五	六	七	八	九	十

百	千	万	亿

三、讨论

1. 你在中国哪些银行办理过业务？
2. 根据下面的提示和你自己的经验，比较一下中国的银行和你们国家银行的异同

   (1) 银行内的布置、设施
   (2) 办理业务的程序
   (3) _____
   (4) _____
   (5) _____

银行业务相关词语

取款	qǔ kuǎn
贷款	dài kuǎn
兑换外币	duìhuàn wàibì
到账	dào zhàng
转账	zhuǎn zhàng
境外汇款	jìngwài huìkuǎn
活期	huóqī
网上银行	wǎngshàng yínháng

二、缴 税

商务词语准备

1	股票	gǔpiào	名	stock
2	暴跌	bàodiē	动	steep fall (in price)
3	逃税	táo shuì		tax evasion
4	发票	fāpiào	名	invoice
5	缴税大户	jiǎoshuì dàhù		big taxpayer
6	商海	shānghǎi	名	(in) business

对话

小赵：亚华公司的股票怎么突然暴跌了？

小李：你还不知道吗？有媒体报道说他们逃税500多万呢。

小赵：是吗？怎么被发现的？

小李：他们的客户举报说，和他们做生意时没有拿到正式发票。

小赵：亚华没有回应吗？

小李：没有。所以，现在是真是假还不知道。

小赵：亚华是多年的缴税大户，声誉一向很好，我不相信他们会逃税。

小李：商海之中什么事都有可能发生啊！等着看吧！

媒体 méitǐ media

举报 jǔbào whistle-blowing

回应 huíyìng respond

声誉 shēngyù reputation

语句理解及练习

一向＋形容词/动词性成分

表示从过去到现在某种情况一直存在。多用于表示某种规律或习惯。如：
(1) 公司的纪律一向严明。
(2) 总经理一向很严肃，今天怎么开起玩笑来了？

用"一向"回答下面的问题

(1) 说说你的居住地的天气情况。

_____

(2) 在工作或生活中，你有哪些习惯？

_____

第八课　财务

对话理解及练习

一、用画线的词语回答下面的问题

1. 请说说你们国家的知名<u>媒体</u>。
2. <u>发票</u>有什么用？
3. 你知道你所在国家、地区有哪些<u>缴税大户</u>吗？
4. 在你们国家，如何处罚<u>逃税</u>的个人或企业？
5. 哪些情况出现时，可能会有人<u>举报</u>？
6. 哪些行为会影响个人或企业的<u>声誉</u>？

二、选词填空

　　　　　　　回答　　回复　　回应

1. 国家统计局（　　　）了一些国际组织对中国经济数据可信度的质疑。
2. 收到邮件后，请速（　　　）。
3. 有消息说公司即将裁员，不过，公司方面至今仍没有（　　　）此事。
4. 我的问题问完了，谁可以（　　　）？

三、讨论：你们国家的税收情况

提示：1. 一年的税收是多少？
　　　2. 对个人来说，哪些情况需要纳税？
　　　3. 有没有逃税的情况？严重吗？你了解他们是怎么逃税的吗？
　　　4. 对哪些行业，国家征收的税费比较高？
　　　5. 对外国企业，在税收上有优惠吗？

税收相关词语

查税	chá shuì
缴税	jiǎo shuì
收税	shōu shuì
个人所得税	gèrén suǒdéshuì
营业税	yíngyèshuì

消费税	xiāofèishuì
税务所	shuìwùsuǒ
税务员	shuìwùyuán

三、工资

商务词语准备

1	公务员	gōngwùyuán	名	civil servant
2	基本工资	jīběn gōngzī		basic wage
3	补助	bǔzhù	名	subidy
4	级别	jíbié	名	rank
5	消费	xiāofèi	动	consume
6	养老保险	yǎnglǎo bǎoxiǎn		endowment insurance
7	医疗保险	yīliáo bǎoxiǎn		medical insurance
8	体制	tǐzhì	名	system
9	委托	wěituō	动	entrust

短文

在联合国当公务员，薪水是基本工资加上补助。同一个级别的基本工资在联合国中是统一的。一般普通官员分P1到P5五个级别，主任级官员有D1、D2等级别，同一级别又分为已婚和单身两种。

补助的多少是根据工作城市的消费水平确定

联合国 Liánhéguó UN
统一 tǒngyī unified
官员 guānyuán official
单身 dānshēn bachelordom

86

的。比如，在纽约工作的补助是基本工资的30%至40%，其中还是有已婚和单身的区别。

另外，联合国有健全的养老保险和医疗保险等社会保险体制。个人基本工资的10%一般作为社会保险费，医疗保险由联合国委托一家保险公司承担，大家统一加入。

区别 qūbié difference

健全 jiànquán
sound, perfect (system)

语句理解及练习

1. A 是 B 的……（百分数、分数、倍数）

   用来表示A与B的数量关系。如：
   (1) 受金融危机影响，今年关闭的外企是新增外企的两倍。
   (2) 你的收入只是我的收入的三分之一。

   用"A是B的……"完成下面的表达

   (1) 基本工资与总收入的数量关系：

   _____

   (2) 今年的销售额与去年的销售额的数量关系：

   _____

2. 其中

   前面提到某一事物的范围，指在这一范围内。如：
   (1) 应聘者有上百人，其中一半是应届毕业生。
   (2) 公司在北京、上海、重庆等地都设有分部，其中最大的分部在上海。

   用"其中"完成下面的句子

   (1) 公司的科研人员一共12位，_____。
   （根据性别、学历等说明人员的构成）

   (2) 我家的月收入是12000元左右，_____。
   （根据消费内容说明消费计划）

短文理解及练习

一、根据实际情况，尽量用画线词语回答下面的问题

1. 联合国公务员的薪水是基本工资<u>加上</u>补助。那么，你们国家（/公司）的<u>薪水</u>是由哪几部分构成的？
2. 薪水的<u>区别</u>是否会表现在以下几个方面？如有其他，请补充说明。

   (1) 工作业绩
   (2) 工作年限
   (3) 工作时间
   (4) 性别差异
   (5) 工作责任
   (6) 工作条件

二、从以下几个方面调查你所在地区薪水的水平

1. 薪水较高的是什么行业？薪水较低的是什么行业？
2. 不同行业之间的薪水是否有很大区别？
3. 最近几年，薪水有无变化？
4. 人们对薪水的满意度如何？

工资相关词语

奖金	jiǎngjīn
分红	fēn hóng
提成	tíchéng
年终奖	niánzhōngjiǎng
加班费	jiābānfèi
过节费	guòjiéfèi
灰色收入	huīsè shōurù

综合练习

一、听力练习：听录音，然后从ABCD四个选项中选出最恰当的答案

1. 男士现在的收入是 _____ 元。
   A. 1000　　　B. 2000　　　C. 3000　　　D. 4000

2. 男士认为工资涨得 _____。
   A. 很快　　　B. 很慢　　　C. 很多　　　D. 很少

二、词语练习：从ABCD四个词语中选择最恰当的填空

依照法律，雇主不得随意取消员工的假期，因为那是他们的 __1__ 权益。但是在美国的私有企业里，__2__ 公司的规定有所不同。不少小公司 __3__ 财力所限，希望雇员在特定时间内使用他们的假期，__4__ 没有休假的人，公司会按职工的工资予以经济补偿。有一些公司同意员工将未用假期积攒 __5__，推到下一年使用，但这样的假期积累是有最高限度的。

1. A 正常　　　B 正当　　　C 正确　　　D 正式
2. A 该　　　　B 各　　　　C 本　　　　D 贵
3. A 把　　　　B 让　　　　C 由　　　　D 受
4. A 向　　　　B 朝　　　　C 对　　　　D 给
5. A 出来　　　B 起来　　　C 过来　　　D 上来

三、阅读练习：阅读短文，然后从ABCD四个选项中选出最恰当的答案

中华英才网今天公布了对国内网民的个人薪资的网上调查结果。这是继2000年下半年的薪资调查后，该网进行的又一次大规模网上调查。

在网民收入水平排名前10位的城市中，深圳和上海分别以51790元和

49416元的平均年薪再次分列前两名，广州首次跌出前三，北京则以46548元跻身三甲。原有的珠海、厦门、福州和青岛4个城市跌出前10位，而南京(33457元)、天津(29627元)、长沙(26024元)和沈阳(25601元)成为前10位中的新面孔。

1. 排名没有变化的城市是：
   A. 广州　　　　B. 北京　　　　C. 上海　　　　D. 青岛
2. 年薪增长的城市是：
   A. 长沙　　　　B. 厦门　　　　C. 珠海　　　　D. 深圳

第九课　竞拍

课前准备

1. 你做过或打算做哪些方面的投资？
2. 如果在中国投资，需要了解哪些情况？

课文

一、竞拍

商务词语准备

1	竞拍	jìngpāi	动	auction
2	中央商务区	zhōngyāng shāngwùqū		central business district
3	住宅用地	zhùzhái yòngdì		residential land
4	地价	dìjià	名	price of land
5	房价	fángjià	名	housing price

对话

父亲：看你脸色不太好，是不是太累了？
小李：公司要竞拍一块地，这些天净熬夜准备资料了。

脸色 liǎnsè
look, complexion

熬夜 áo yè stay up

父亲：什么地啊？

小李：中央商务区东边的住宅用地。

父亲：黄金地段啊，如果竞拍成功，肯定能赚大钱。

小李：可是您不觉得现在的地价和房价都高得离谱吗？

父亲：这个城市的人越来越多，可土地越来越少，价钱当然会越来越高了。

小李：您说的只是一方面，另一方面是某些人在炒作。

父亲：不管怎么说，你的工作总要完成啊！

小李：是啊，而且这次公司势在必得，我的压力很大啊！

父亲：别想太多，尽力去做就行了。

小李：知道了。

赚 zhuàn make money

离谱 lí pǔ far away from what is normal

炒作 chǎozuò hype, speculation

势在必得 shì zài bì dé set up the conviction of necessarily win

语句理解及练习

1. 净 + 动词性成分

表示唯一的，没有别的。在口语中常用来表示抱怨的语气。如：
(1) 床上净是他的衣服。
(2) 别净想着工作，今天是周末，我们出去放松一下吧！

用"净"表达下面的意思

(1) 最近几天总是堵车，烦死人了！

_____

(2) 我老公下班后就是看电视，什么家务都不做。

_____

2. 不管怎么说……

在口语中表示在任何不利条件下，某种情况都会存在、出现。表示不利条件的语句一般出现"不管怎么说"之前。如：

(1) A：这个孩子真是太淘气了！

　　B：不管怎么说，他还小嘛，大一点儿就会好了。

(2) 虽然被聘用的可能性不大，但不管怎么说，我都会去试一试的。

完成下面的对话或句子

(1) A：汉语挺难学的，再说你白天还要上班，有时间吗？

　　B：不管怎么说，_____。

(2) 这件事虽然是他的错，但不管怎么说，_____。

对话理解及练习

一、用画线的词语回答下面的问题

1. 你遇到过什么<u>离谱</u>的事吗？
2. 你所在城市的<u>黄金地段</u>是哪儿？
3. 为了工作或学习，你<u>熬过夜</u>吗？
4. 某家企业会用什么方法<u>炒作</u>自己？

二、在下面表示颜色的词语中，哪些可以用来形容一个人的"脸色"

1. 红
2. 黑
3. 白
4. 青
5. 黄

三、讨论：城市的地价、房价会受到哪些因素的影响

提示：1. 消费水平

　　　2. 地理位置

　　　3. 交通状况

其他因素：4. _____

　　　　　5. _____

　　　　　6. _____

四、阅读下面的"投资计划表"并试着填写

投资计划表

单位名称	
注册资本（万元）	
总资产（万元）	
净资产（万元）	
主营业务	
计划投资项目类型	☐ 住宅地产　　☐ 商业地产 ☐ 办公地产　　☐ 工业地产 ☐ 综合地产　　☐ 其他
计划投资省区	
计划投资城市	
计划投资规模（万元）	

二、炒 股

商务词语准备

1	股市	gǔshì	名	stock market
2	套	tào	动	trap
3	牛市	niúshì	名	bull market
4	炒股	chǎo gǔ		invest in stocks
5	涨	zhǎng	动	rise
6	跌	diē	动	fall
7	走势	zǒushì	名	trend
8	看空	kànkōng	动	judge the price will

第九课 竞拍

9	割肉	gē ròu		sell at a loss
10	清仓	qīng cāng		clearance sale

对话

小李：这几天股市怎么样？

小赵：别提了，我那两支股票都被套住了。

小李：怎么回事？最近不是牛市吗？

小赵：谁知道啊，刚赚了点儿钱又没了，白高兴了。

小李：炒股就是这样，有涨有跌，过几天还会回来的。

小赵：对未来几天的走势，很多机构都是看空的。

小李：机构的话不能全信，你得有自己的判断。

判断 pànduàn judge

小赵：太难了，我打算割肉清仓了！

小李：你要想清楚啊，别以后后悔！

后悔 hòuhuǐ regret

语句理解及练习

别提了

在对话中用来引出不好的情况。常用于回答别人的询问。如：

(1) A：新找的这份工作怎么样？

B：别提了，辛苦不说，薪水还少得可怜！

(2) A：假期的旅行还顺利吧？

B：别提了，因为大病了一场，旅行计划全泡汤了。

用"别提了"完成下面的对话

(1) A：你今天上班迟到，被老板发现了吗？

B：_____

（2）A：你怎么一个人来了？小王呢？

B：_____

对话理解及练习

一、从对话中找出下列词语的反义词

熊市——　　　　　涨——　　　　　亏——

解套——　　　　　看多——　　　　建仓——

二、用画线的词语回答下面的问题

1. 如果你在股市中被<u>套</u>，你会<u>割肉</u>吗？
2. 如果在股市中<u>赚</u>了钱，你会用这笔钱做什么？
3. 最近股市的<u>走势</u>怎么样？
4. 在今天的股市中，<u>涨多跌少</u>还是涨少跌多？
5. 在你们国家，<u>炒股</u>的人多不多？什么人炒股？
6. 你做过让自己<u>后悔</u>的事情吗？

三、讨论：投资股市的利与弊

股市相关词语

道琼斯指数	Dàoqióngsī Zhǐshù
大盘	dàpán
涨停/跌停	zhǎngtíng/diētíng
反弹	fǎntán
点	diǎn
涨幅/跌幅	zhǎngfú/diēfú
长线/短线	chángxiàn/duǎnxiàn
持有	chíyǒu
买入	mǎirù
卖出	màichū
证券公司	zhèngquàn gōngsī

三、对华投资

商务词语准备

1	会计	kuàijì	名	accounting
2	德勤事务所	Déqín Shìwùsuǒ	专名	Deloitte and Touche
3	首席财务执行官	shǒuxí cáiwù zhíxíngguān		CFO
4	投资	tóu zī		invest, investment
5	世贸组织	Shìmào Zǔzhī	专名	WTO
6	进度	jìndù	名	progress, schedule

短文

世界专业会计公司德勤事务所和《亚洲首席财务执行官》杂志对亚洲、欧洲和北美的680家公司进行了调查，接受调查的680家公司表示，今后三年里每年将对中国投资45亿美元。

在目前尚未投资中国的公司中，有60%认为未来三年中国市场将越来越重要。亚太地区的外国公司对投资中国的态度最乐观，几乎所有的公司都计划在三年里继续扩大在中国的业务，欧洲公司中有90%、美国公司中有80%也都打算扩大在华投资业务。

另外，在华投资也面临一些挑战。已在华投资的公司关心中国加入世贸组织后，履行承诺的进度和广度；尚未在华投资的公司关心的是中国政治的稳定。

尚未 shàngwèi not yet

乐观 lèguān optimistic

扩大 kuòdà expand

面临 miànlín be confronted with

挑战 tiǎozhàn challenge

履行 lǚxíng fulfil

承诺 chéngnuò promise, commitment

稳定 wěndìng steadily

语句理解及练习

几乎

可用来表示非常接近某一数量、水平等。句中常出现表示数量的词语。如：
(1) 参加会议的几乎有一千人。
(2) 他的成绩是499分，几乎是满分了。

用"几乎"表达下面的意思

(1) 我们公司有20名外国员工，18名是韩国人。

_____

(2) 为了早日买到房子，小王把90%的工资都存起来了。

_____

短文理解及练习

一、词语连线

履行	挑战
扩大	组织
加入	承诺
面临	调查
接受	业务

二、讨论

1. 如果你打算在中国投资，那么：
   (1) 你想投资什么行业？为什么？
   (2) 你最想了解的是什么？
   (3) 你最担心的是什么？

2. 如果外国人打算在你们国家投资，你能给他们一些建议吗？

三、调查

请调查你们国家在中国的投资情况，至少包括以下几个方面：

1. 投资行业
2. 投资时间
3. 投资地点
4. 投资计划

常用行业名称

服装业	fúzhuāngyè
制造业	zhìzàoyè
工业	gōngyè
农业	nóngyè
服务业	fúwùyè
商业	shāngyè
旅游业	lǚyóuyè

综合练习

一、听力练习：听录音后填出缺少的信息

近几年，住房销售价格持续上涨，主要原因有以下几个：

一是＿＿1＿＿增长很快。经济发展了，居民收入增加了，很多居民要购买多套住房。二是住宅的供应＿＿2＿＿不合理。其中的突出反映是中低价位的住宅比例偏低。三是土地开发建设的＿＿3＿＿提高了。原因是土地交易、材料、人工等价格都在上涨。

二、词语练习：从ABCD四个词语中选择最恰当的填空

虽然全球经济＿＿1＿＿衰退，但已在中国＿＿2＿＿业务的外国公司中，有90%的高级财务主管证实，公司将在＿＿3＿＿三年里扩大在中国的

投资。这是世界专业会计公司德勤事务所（英国）和《亚洲___4___财务执行官》杂志联合对亚洲、欧洲和北美的680家公司的主要决策人进行调查后于日前公布的___5___。___6___调查的680家公司表示，今后三年里每年将对中国投资45亿美元。

1. A 坚持　　　B 持续　　　C 保持　　　D 持有
2. A 开展　　　B 开始　　　C 进行　　　D 具有
3. A 后来　　　B 未来　　　C 过去　　　D 即将
4. A 首位　　　B 首先　　　C 首席　　　D 首家
5. A 计划　　　B 结果　　　C 决定　　　D 方案
6. A 受到　　　B 进行　　　C 得到　　　D 接受

三、阅读练习：阅读短文，然后从ABCD四个选项中选出最恰当的答案

中国改革开放之初，七八成的外资是通过合资方式进入中国的，1992年外资的50%用于合资企业。1997年，外商独资企业首次超过合资企业，形势开始发生变化。中国加入WTO后，这种变化更加明显，2001年合资企业占全部外资的比重下降为不足30%。而外商独资企业数量逐年增加，2002年独资项目比合资项目多70%，实际利用外资占总额的比重超过50%。

1. 这段话介绍的是_____。
   A. 中国经济地位的提高　　　B. 加入WTO对中国的影响
   C. 外商在中国的投资方向　　D. 外商投资方式的变化

2. _____年开始，外商独资企业比合资企业多了。
   A. 1992　　　B. 1997　　　C. 2001　　　D. 2002

四、口语练习

在公司会议上，你作为投资部经理报告在华投资情况。内容包括：

1. 已在华投资的基本情况；
2. 投资中遇到的问题；
3. 下一步的投资计划。

第十课　保　险

课前准备

1. 你上过哪些保险？
2. 你认为一个人或一个家庭必须上的保险有哪些？

课文

一、投保咨询

商务词语准备

1	投保	tóu bǎo		insure
2	财产险	cáichǎnxiǎn	名	property insurance
3	设备	shèbèi	名	equioment
4	保额	bǎo'é	名	coverage
5	追加	zhuījiā	动	add to
6	保费	bǎofèi	名	insurance premium
7	保单	bǎodān	名	guarantee slip
8	出险	chū xiǎn		an accident is arose
9	报案	bào àn		report a case to the security authorities
10	理赔	lǐpéi	动	settlement of claims

对话

小王：我们公司打算投保财产险，想咨询一下。

职员：您请说。

小王：公司新进的设备需要**重新**投保吗？

职员：不需要。但是新设备是增加了的企业财产，需要修改保额，追加保费。

小王：今年我们公司很可能会搬到新的办公地点，这对保险有影响吗？

职员：有。您需要马上向我们说明，还要**修改**保单。

小王：如果投保的财产出险了怎么办？

职员：请您在第一时间报案，接到报案后，我们会马上派理赔人员去**处理**。

小王：谢谢你，如果有什么问题我再跟你联系。

职员：不客气，欢迎您随时咨询。

重新 chóngxīn afresh, re-

修改 xiūgǎi modify, amend

处理 chǔlǐ deal with

对话理解及练习

一、用画线的词语回答下面的问题

1. 如果你要<u>投保</u>，你会选择哪家保险公司？
2. 你投保的财产<u>出险</u>时，应该怎么做？
3. 你了解一般的<u>理赔</u>程序吗？

二、你所在的公司发生了财产丢失的情况，请你打电话向保险公司报案

1. 被保险人名称
2. 保单号
3. 出险时间
4. 出险原因
5. 损失情况

中国知名保险公司

中国人寿	Zhōngguó Rénshòu
平安保险	Píng'ān Bǎoxiǎn
新华人寿	Xīnhuá Rénshòu
中国人保	Zhōngguó Rénbǎo
泰康人寿	Tàikāng Rénshòu

二、家庭投保

商务词语准备

1	缴纳	jiǎonà	动	pay (in formal)
2	保险金额	bǎoxiǎn jīn'é		insurance amount

短文

王先生的家庭是城市中典型的三口之家。他本人今年30岁，公司职员，月收入4000～5000元；妻子今年28岁，也是公司职员，月收入3000～3500元；儿子今年2岁，身体健康。以下是保险公司的黄先生为这个家庭设计的保险计划：

王先生和他的妻子分别投保男士专利险和女士专利险，每年共缴纳保费800元左右，每年保险金额约20000元，保险范围基本包括了中年男性易患的25种重大疾病及中年女性容易出现的28种重大疾病；他们的儿子上的是少儿重大疾病险，这类保险针对的是0～16岁的孩子容易出现的15种疾病或手术，每年约缴纳保费500～600元。

典型 diǎnxíng typical

专利 zhuānlì patent

患 huàn suffer from

重大 zhòngdà critical

疾病 jíbìng illness

针对 zhēnduì aim at

语句理解及练习

分别 + 动词性成分

表示各自不同的情况。如：
(1) 请你分别通知销售部和人事部的经理。（一对多）
(2) 两家公司分别参加了这次的竞标。（多对一）
(3) 去年和今年的销售业绩分别是700万和850万。（多对多）

用"分别"表达下面的意思

(1) 张经理给我打来电话后，刘秘书又给我打来了电话。

_____

(2) 这次考核，小王的成绩是90，小李是87，小赵是92。

_____

(3) 我向部门经理递交了辞职报告，同时向总经理也递交了一份。

_____

短文理解及练习

一、用短文中的词语进行较为正式的表达

1. 我家有五口人。
2. 下面是我自己的想法。
3. 公司职员一共大概有2000名。
4. 这个季节，老人和孩子容易得流感。
5. 在工商银行可以交水电费。

二、从以下几个方面介绍你们国家普通家庭的投保情况

1. 投保险种
2. 保费
3. 投保金额
4. 受益人

三、宠物保险

商务词语准备

1	推出	tuīchū	动	introduce new products
2	赔偿	péicháng	动	compensate for
3	支付	zhīfù	动	pay (money)
4	额外	éwài	形	extra
5	开发	kāifā	动	develop and expand market

短文

最近，美国一家保险公司推出一项汽车保险的新业务——宠物碰撞事故险。投保人不需要支付额外的保险费，宠物如果在事故中受伤或丧生，主人最高可获500美元的赔偿。

美国人每年花在宠物身上的钱超过400亿美元，宠物主人们经常开车送宠物去做美容，因此这种汽车保险很有可能引起宠物主人的注意。

保险公司认为免费的宠物碰撞事故险可以更好地开发汽车保险市场，"我们很了解宠物对一个家庭来说有多么重要，这项业务应该是个不错的选择。"

宠物 chǒngwù pet

碰撞 pèngzhuàng collision

事故 shìgù accidernt

丧生 sàngshēng lose one's life

免费 miǎnfèi free of charge

语句理解及练习

引起

一种事情、现象、活动使另一种事情、现象、活动出现。如：
(1) 公司的改革方案引起了员工的不满。
(2) 你的报告引起了老总对华投资的兴趣。

用"引起"改写下面的句子

（1）张经理的发言一结束，大家就开始了热烈的讨论。

_____

（2）他的穿着总是很特别，他觉得这样人们才会注意到自己。

_____

短文理解及练习

一、用画线的词语回答下面的问题

1. 你养过什么<u>宠物</u>？
2. 除了工资以外，人们还可能有哪些<u>额外</u>的收入？
3. 你享受过哪些<u>免费</u>的服务？

二、讨论

1. 你会给自己的宠物购买保险吗？
2. 你会因为免费的宠物碰撞事故险而购买那家保险公司的汽车险吗？
3. 你知道哪些与众不同的保险业务？请介绍一下。比如，有些长跑明星为自己的双腿投保……

三、调查：从以下几个方面调查一下你所居住地区人们的保险情况

1. 投保了哪些险种？
2. 投保或不投保的原因是什么？
3. 保费占收入的多少？
4. 对理赔服务是否满意？
5. 有哪些知名的保险公司？
6. 保险公司是如何开展保险业务的？

常见险种

健康险	jiànkāngxiǎn
寿险	shòuxiǎn

养老保险	yǎnglǎo bǎoxiǎn
财产险	cáichǎnxiǎn
车辆险	chēliàngxiǎn
人身意外伤害险	rénshēn yìwài shānghàixiǎn
运输保险	yùnshū bǎoxiǎn

综合练习

一、听力练习：听录音，然后从ABCD四个选项中选出最恰当的答案

1. 扑灭大火共花了＿＿＿＿＿＿小时。
   A. 两个多　　　B. 三个多　　　C. 四个多　　　D. 五个多

2. 下面哪种说法是正确的？
   A. 易燃物引起了火灾　　　B. 建筑物全部倒塌
   C. 火灾造成人员伤亡　　　D. 设备全部被烧毁

二、阅读练习：阅读ABCD四段短小的文字材料，然后判断哪个句子与哪段材料有关系

1. 总部设在上海的公司。
2. 中国内地唯一进入世界500强的保险企业。
3. 经营人身意外伤害保险业务的公司。
4. 曾经离开中国内地经营业务的公司。
5. 公司拥有四家外资股东。
6. 公司位列世界大型保险公司200强之一。
7. 公司由三家保险公司合并而成。

A

新华人寿保险股份有限公司经营各类人寿保险、健康保险和人身意外伤害保险业务。公司拥有股东16家，其中中资股东12家，包括大型国有企业和股份制企业。

B

  太平人寿始创于上海，后移师香港，专营海外业务。2001年全面恢复经营国内人身保险业务，是中国保险发展史上实力最强、规模最大、市场份额最多的民族保险业代表。

C

  中国太平洋保险公司总部设在上海。2000年，集团公司以规范化的管理、整体的经营实力和良好的社会信誉，被评为世界大型保险公司200强之一，列45位。

D

  中国人寿保险股份有限公司的前身是原中国人民保险公司、中保人寿保险有限公司以及中国人寿保险公司。2002年，中国人寿成为内地唯一一家进入全球500强的保险企业。

三、口语练习

  请以保险公司职员的身份向顾客介绍宠物碰撞事故险，内容包括：

  1. 保险费；
  2. 受益者；
  3. 保险金额。

听力录音文本

第一课

昨天的应届毕业生招聘会举办得非常成功，本月底，还将推出研究生专场招聘会。记者发现，在前来招聘的单位中，有多家要求应聘者具有一定的工作经验。某电子公司的王经理告诉记者，如果招一个没有任何工作经验的员工，企业的成本就会增加很多。据了解，本次招聘会共有一百多家企业参加，目前来招聘的主要是一些中小企业，大多数大企业在年前就已经招满了。

第二课

（一）

在新的一年里，您想要创业吗？通过分析当前的市场，我们发现以下三个行业最具发展"钱景"。

第一是休闲饮品、中式特色小吃等餐饮行业。俗话说，民以食为天，因此餐饮业仍是今年最被看好的创业行业。

第二是药品店等健康服务行业。随着知识水平和收入水平的提高，大家都对健康越来越关注，因此与人们健康紧密相关的药品店和健康食品店都是不错的创业方向。

第三是化妆护理、瘦身减肥等美容行业。据统计，目前中国美容行业市场收入每年约3000亿元，平均以每年15%的速度递增，远远超过了GDP的增长率。

（二）

女：上海汽车有限公司在招聘总经理助理呢！
男：我也看到了，怎么，你想去试一试？
女：我喜欢上海，而且对这个岗位也挺感兴趣的，就是不知道自己行不行。

男：我看他们的招聘信息就是按照你的情况写的，你还担什么心呢？

女：既然你这么说，那我就试试看吧！

第三课

1. 男：哪个是新来的秘书啊？

   女：那个穿着衬衫，打着领带，手里提着一个公文包的就是。

2. 女：小王，从今天开始你的试用期就结束了，欢迎你成为公司的正式员工。

   男：谢谢，今后我一定努力做好自己的工作。

第四课

男：您好，我是大众软件公司公关部的李明，今晚想在您那儿订一个包间。

女：好的。您一共几位？

男：正好一桌，10个人。

女：好的。您是包桌还是零点？

男：零点。你们收服务费吗？

女：包间要收15%的服务费。

男：行，那就这样吧，我们大概6点左右到饭店。

女：好的。如果有变化，请通知我们，因为晚上用餐的人很多，包间最晚给您留到6点半。

第五课

小张，我是李明，今天刚到北京，公司派我来学习一个半月，学习一结束大概3月底我就得回去了。怎么样，你最近忙吗？有时间我们见个面，要是你能陪我逛逛街就更好了！我的电话是86435902，等你电话啊！再见！

第六课

今天晚上的安排是这样的：六点半到七点是来宾签到时间；七点正式开始，用十分钟观看录像；七点十分到七点四十五是代表发言、来宾提问的时间；最后是来宾与代表自由交谈和自助餐时间，到九点结束。

第七课

女：这是我今天新买的，你快尝尝，味道怎么样？
男：嗯，酸甜，口感还不错。
女：你喜欢吃就好，我还担心你不喜欢呢。
男：它叫什么啊？
女：电视上天天有它的广告，你不知道吗？
男：我什么时候看过广告啊？

第八课

　　我从事财务工作，4年前月工资2000元，现在4000元。现在工资是在增长，但房价4年前是一平米3000～4000元，现在是一平米13000～38000元，工资再涨也没涨到房价的十分之一啊。

第九课

　　近几年，住房销售价格持续上涨，主要有这样几个原因：一是需求增长很快，特别是随着经济的发展，居民收入的增加，很多居民存在着多套住房的需求；二是住宅的供应结构不合理，其中，中低价位的住宅比例偏低是供应结构不合理的突出反映；三是土地开发建设的成本提高了，土地交易、材料、人工等价格都在上涨，这些因素造成了土地开发成本的提高。

第十课

　　1月5日凌晨，某塑料厂发生重大火灾。由于该厂易燃物品多，火势猛烈，到凌晨3点左右才将大火基本控制，经过5个多小时的奋战，大火终于被扑灭。这起火灾已将该厂机器设备等全部烧毁，有部分建筑倒塌，目前事故原因正在调查中。

参考答案

第一课

一、听力练习
1. C   2. B   3. D

二、词语练习
1. A   2. B   3. A   4. D   5. C   6. D   7. C

三、阅读练习
1. C   2. B   3. D   4. A   5. D

第二课

一、听力练习
(一) 餐饮；健康；美容
(二) 1. C   2. A

二、词语练习
1. B   2. A   3. D   4. B   5. A

第三课

一、听力练习
1. B   2. C

二、词语练习
1. B   2. A   3. C   4. D   5. A

第四课

一、听力练习
1. B   2. C   3. D

二、词语练习

1. A 2. D 3. A 4. D 5. B

第五课

一、听力练习

1. B 2. C

二、词语练习

1. B 2. C 3. D 4. A 5. C

第六课

一、听力练习

1. 签到 2. 代表发言 3. 自助餐

二、词语练习

1. D 2. A 3. C 4. B 5. C

四、阅读练习

1. B 2. D 3. A 4. C 5. D 6. A

第七课

一、听力练习

1. B 2. A

二、词语练习

1. B 2. A 3. C 4. D 5. A 6. B

三、阅读练习

1. D 2. B

第八课

一、听力练习
　　1. D　　2. D

二、词语练习
　　1. B　　2. B　　3. D　　4. C　　5. B

三、阅读练习
　　1. C　　2. A

第九课

一、听力练习
　　1. 需求　　2. 结构　　3. 成本

二、词语练习
　　1. B　　2. A　　3. B　　4. C　　5. B　　6. D

四、阅读练习
　　1. D　　2. B

第十课

一、听力练习
　　1. D　　2. D

二、阅读练习
　　1. C　　2. D　　3. A　　4. B　　5. A　　6. C　　7. D

商务词语总表

	A			
安排	ānpái	动	arrange	4-1

	B			
白领	báilǐng	名	white collar	3-1
办公软件	bàngōng ruǎnjiàn		office software	1-3
办公用品	bàngōng yòngpǐn		office supplies	3-2
办公桌	bàngōngzhuō	名	desk (in office)	3-2
办理	bànlǐ	动	transact	8-1
保单	bǎodān	名	guarantee slip	10-1
保额	bǎo'é	名	coverage	10-1
保费	bǎofèi	名	insurance premium	10-1
保险金额	bǎoxiǎn jīn'é		insurance amount	10-2
报案	bào àn		report a case to the security authorities	10-1
报酬	bàochóu	名	reward	2-3
报价	bào jià		offer, quoted price	5-3
暴跌	bàodiē	动	steep fall (in price)	8-2
补助	bǔzhù	名	subidy	8-3
不胜荣幸	búshèng róngxìng		be honored	2-1
部门	bùmén	名	department	3-3

	C			
财产险	cáichǎnxiǎn	名	property insurance	10-1
菜品	càipǐn	名	dish	4-2
查收	cháshōu	动	check	5-1
常规价格	chángguī jiàgé		conventional price	7-3
抄送	chāosòng	动	copy to	5-3

炒股	chǎo gǔ		invest in stocks	9-2
诚聘英才	chéngpìn yīngcái		welcome high talented people to join us	1-2
出险	chū xiǎn		an accident is arose	10-1
传达	chuándá	动	convey	6-2
传真	chuánzhēn	名、动	fax	5-1
创意	chuàngyì	名	creativity	7-1
从事	cóngshì	动	be engaged in	2-1
存款	cún kuǎn		deposit	8-1

D

答复	dáfù	动、名	reply	5-2
答谢	dáxiè	动	experss appreciation, acknowledge	4-3
待遇	dàiyù	名	treatment	2-3
单位	dānwèi	名	unit	7-3
德勤事务所	Déqín shìwùsuǒ	专名	Deloitte and Touche	9-3
地价	dìjià	名	price of land	9-1
跌	diē	动	fall	9-2

E

额外	éwài	形	extra	10-3

F

发件人	fājiànrén	名	sender	5-3
发票	fāpiào	名	invoice	8-2
发言	fā yán		make a statement	6-1
反馈	fǎnkuì	动	feedback	3-3
方案	fāng'àn	名	scheme	7-1
房价	fángjià	名	housing price	9-1
吩咐	fēnfu	动	instruct	4-2
付款	fù kuǎn		pay	7-3
副	fù	形	assistant, deputy	5-1

		G		
岗前培训	gǎngqián péixùn		orientation	3-3
岗位	gǎngwèi	名	position	2-3
割肉	gē ròu		sell at a loss	9-2
个人简历	gèrén jiǎnlì		resume	2-1
工资	gōngzī	名	wage	6-3
工作经历	gōngzuò jīnglì		work experience	2-2
工作效率	gōngzuò xiàolǜ		work efficiency	6-3
公关部	gōngguānbù	名	public relations	4-2
公务员	gōngwùyuán	名	civil servant	8-3
恭盼	gōngpàn	动	hope for (with great respect)	5-3
购买意向	gòumǎi yìxiàng		purchase intention	5-1
股票	gǔpiào	名	stock	8-2
股市	gǔshì	名	stock market	9-2
广告词	guǎnggàocí	名	advertising commentary	7-2
规格	guīgé	名	specification	4-2
过目	guò mù		look over so check or approve	5-1

		H		
合同	hétong	名	contract	7-3
合作伙伴	hézuò huǒbàn		partner	4-3
汇报	huìbào	动	report	4-1
会场	huìchǎng	名	conncil house	6-1

		J		
机构	jīgòu	名	institution	1-2
基本工资	jīběn gōngzī		basic wage	8-3
级别	jíbié	名	rank	8-3
集团	jítuán	名	group	1-2
加班	jiā bān		work overtime	6-3
加收	jiāshōu	动	charge extra fee	7-3
缴纳	jiǎonà	动	pay (in formal)	10-2

缴税大户	jiǎoshuì dàhù		big taxpayer	8-2
进度	jìndù	名	progress, schedule	9-3
经营理念	jīngyíng lǐniàn		management idea	6-2
竞拍	jìngpāi	动	auction	9-1
酒会	jiǔhuì	名	reception, wine party	4-1

K

开发	kāifā	动	develop and expand market	10-3
看空	kànkōng	动	judge the price will	9-2
客户	kèhù	名	client	4-3
会计	kuàijì	名	accounting	9-3
款	kuǎn	名、量	style	5-3

L

理赔	lǐpéi	动	settlement of claims	10-1

M

门卡	ménkǎ	名	entrance card	3-2
秘书	mìshu	名	secretary	1-3
面试	miànshì	动、名	job interview	2-1
面谈	miàntán	动	speak to sb., face to face	2-2
面议	miànyì	动	discuss personally	1-3

N

内行	nèiháng	名	expert, adept	4-2
牛市	niúshì	名	bull market	9-2

P

培训	péixùn	动	train	1-1
赔偿	péicháng	动	compensate for	10-3
品牌	pǐnpái	名	brand	7-2

聘用	pìnyòng	动	employ	3-3
平面广告	píngmiàn guǎnggào		print ads	7-1
评估	pínggū	动	assessment	3-3

Q

企业	qǐyè	名	enterprise	1-1
企业文化	qǐyè wénhuà		corporate culture	6-2
器材	qìcái	名	equipment	6-1
签订	qiāndìng	动	sign	7-3
清仓	qīng cāng		clearance sale	9-2
求职意向	qiúzhí yìxiàng		job intention	2-2

R

人力资源部	rénlì zīyuán bù		Human Resources Department	1-1
人民币	rénmínbì	名	RMB, CNY	8-1
任职	rèn zhí		hold a post	1-3
日程	rìchéng	名	schedule	5-1

S

商海	shānghǎi	名	(in) business	8-2
上级	shàngjí	名	superior	6-3
设备	shèbèi	名	equioment	10-1
设计	shèjì	动	design	7-1
社交	shèjiāo	名	social contact	2-2
生意	shēngyi	名	business	7-1
世贸组织	Shìmào Zǔzhī	专名	WTO	9-3
试用期	shìyòngqī	名	probation period	3-3
收件人	shōujiànrén	名	recipient	5-3
收入	shōurù	名	income	2-3
首席财务执行官	shǒuxí cáiwù zhíxíngguān		CFO	9-3

		T		
逃税	táo shuì		tax evasion	8-2
套	tào	动	trap	9-2
体制	tǐzhì	名	system	8-3
跳槽	tiào cáo		move from one job to another	1-1
同事	tóngshì	名	colleague	3-2
投保	tóu bǎo		insure	10-1
投资	tóu zī		invest, investment	9-3
推出	tuīchū	动	introduce new products	10-3
退款	tuì kuǎn		refund	7-3

		W		
外币	wàibì	名	foreign currency	8-1
外企	wàiqǐ	名	foreign company	1-3
委托	wěituō	动	entrust	8-3
文秘	wénmì	名	secretary specialty	1-3
500强	wǔbǎi qiáng		500 world companies	1-1

		X		
限额	xiàn'é	名	limit	8-1
消费	xiāofèi	动	consume	8-3
肖像权	xiàoxiàngquán	名	right of portraiture	7-3
薪水	xīnshuǐ	名	salary	1-3
行政工作	xíngzhèng gōngzuò		administrative work	2-2
型	xíng	名	type	5-3
胸牌	xiōngpái	动	name tag	3-2
宣传	xuānchuán	动	make generally known	7-1

		Y		
养老保险	yǎnglǎo bǎoxiǎn		endowment insurance	8-3
业绩	yèjì	名	achievement	6-3
业务	yèwù	名	business	8-1

业余	yèyú	形	sparetime	2-2
医疗保险	yīliáo bǎoxiǎn		medical insurance	8-3
应聘者	yìngpìnzhě	名	candidate	1-1
有限公司	yǒuxiàn gōngsī		limited company	1-2
员工	yuángōng	名	staff	1-1

Z

增长	zēngzhǎng	动	increase	6-3
展介会	zhǎnjièhuì	名	the company show, exhibition	6-1
展台	zhǎntái	名	booth, exhibition stand	6-1
涨	zhǎng	动	rise	9-2
招聘会	zhāopìnhuì	名	job fair	1-1
支付	zhīfù	动	pay (money)	10-3
知识产权	zhīshi chǎnquán		intellectual property	7-3
执行	zhíxíng	动	perform, carry out	7-3
职位	zhíwèi	名	position, job title	1-3
职业道德	zhíyè dàodé		professional ethics	1-1
中央商务区	zhōngyāng shāngwùqū		central business district	9-1
住宅用地	zhùzhái yòngdì		residential land	9-1
助理	zhùlǐ	名	assistant	1-3
追加	zhuījiā	动	add to	10-1
咨询	zīxún	动	consult	8-1
资金	zījīn	名	fund	1-1
总部	zǒngbù	名	headquarters	6-2
走势	zǒushì	名	trend	9-2
座谈会	zuòtánhuì	名	symposium	5-1

一般词语总表

A			
熬夜	áo yè	stay up	9-1

B			
拜托	bàituō	request sb. to do sth.	4-2
背景	bèijǐng	background	6-1
表现	biǎoxiàn	performance	3-3
播出	bōchū	broadcast	7-3
不周	bù zhōu	not considerate	4-1
布置	bùzhì	arrange, decorate	4-2

C			
材料	cáiliào	material, documentation	2-1
操作	cāozuò	operate	2-1
炒作	chǎozuò	hype, speculation	9-1
成功	chénggōng	succeed	5-2
承担	chéngdān	be responsible for	7-3
承诺	chéngnuò	promise, commitment	9-3
持久	chíjiǔ	lasting	7-2
重新	chóngxīn	afresh, re-	10-1
宠物	chǒngwù	pet	10-3
除夕	chúxī	Chinese New Year's Eve	7-3
处理	chǔlǐ	deal with	10-1
传承	chuánchéng	inherit	7-2
传送	chuánsòng	deliver	5-2
催	cuī	urge	5-2

122

		D	
代表	dàibiǎo	representative	5-1
单身	dānshēn	bachelordom	8-3
当红	dānghóng	hot, popular	7-1
档次	dàngcì	(deposit) class	8-1
灯光	dēngguāng	lighting	6-1
等值	děngzhí	equivalent	8-1
典型	diǎnxíng	typical	10-2
典雅	diǎnyǎ	elegant	4-2
定期	dìngqī	at regular intervals	6-2
独立	dúlì	independent	1-3

		F	
绯闻	fēiwén	affair	7-1
付出	fùchū	pay	2-3
附	fù	attach	2-1
复杂	fùzá	complex	6-3

		G	
更上一层楼	gèng shàng yì céng lóu	scale new heights	2-3
贡献	gòngxiàn	contribution	1-2
沟通	gōutōng	communicate	1-1
观念	guānniàn	idea	6-3
官员	guānyuán	official	8-3
光临	guānglín	presence (of a guest)	4-3
广泛	guǎngfàn	wide	2-2
规定	guīdìng	rule	3-2
过程	guòchéng	process	1-1

		H	
海外	hǎiwài	overseas	1-2
含义	hányì	implication	1-1

后悔	hòuhuǐ	regret	9-2
华丽	huálì	gorgeous	4-2
患	huàn	suffer from	10-2
回应	huíyìng	respond	8-2
	J		
疾病	jíbìng	illness	10-2
继……之后	jì……zhīhòu	after	1-2
加强	jiāqiáng	enhance	7-1
价值	jiàzhí	value	1-2
健全	jiànquán	sound, perfect (system)	8-3
皆	jiē	all	7-2
接受	jiēshòu	receive	6-2
紧密相关	jǐnmì xiāngguān	closely related	6-3
尽快	jǐnkuài	as soon as possible	3-2
经典	jīngdiǎn	classic	7-2
敬礼	jìng lǐ	salute	2-1
纠纷	jiūfēn	dispute	7-3
举报	jǔbào	whistle-blowing	8-2
举行	jǔxíng	hold	4-3
	K		
开拓	kāituò	open up (future)	7-2
考虑	kǎolǜ	consider	1-3
可靠	kěkào	reliable	5-2
扩大	kuòdà	expand	9-3
	L		
乐观	lèguān	optimistic	9-3
类似	lèisì	similar	5-2
离谱	lí pǔ	far away from what is normal	9-1
礼仪	lǐyí	etiquette	2-1

联合国	Liánhéguó	UN	8-3
脸色	liǎnsè	look, complexion	9-1
临时	línshí	temporary	3-3
领	lǐng	get	3-2
浏览	liúlǎn	browse	1-2
留意	liúyì	keep an eye on	5-1
录入	lùrù	input	2-2
履行	lǚxíng	fulfil	9-3
略	lüè	slightly	2-1

M

麦克风	màikèfēng	microphone	6-1
冒昧	màomèi	take the liberty of	2-1
媒体	méitǐ	media	8-2
免费	miǎnfèi	free of charge	10-3
面临	miànlín	be confronted with	9-3
名单	míngdān	list	6-1

N

酿造	niàngzào	brew (beer, etc.)	7-2

P

判断	pànduàn	judge	9-2
碰撞	pèngzhuàng	collision	10-3
频道	píndào	channel	7-3
品质	pǐnzhì	quality	7-2

Q

期盼	qīpàn	look forward to	2-2
期限	qīxiàn	period	8-1
强劲	qiángjìng	powerful	7-2
巧	qiǎo	coincidentel	5-2

请柬	qǐngjiǎn	invitation card	4-1
区别	qūbié	difference	8-3
缺	quē	lack	3-3
确定	quèdìng	confirm	4-1

R

任何	rènhé	any	4-3
容纳	róngnà	accommodate	4-2
乳品	rǔpǐn	dairy food	7-2

S

丧生	sàngshēng	lose one's life	10-3
尚未	shàngwèi	not yet	9-3
声誉	shēngyù	reputation	8-2
失误	shīwù	fault	4-1
事故	shìgù	accidernt	10-3
势在必得	shì zài bì dé	set up the conviction of necessarily win	9-1
熟练	shúliàn	skilled	1-3
熟悉	shúxī	know well	3-2
说明	shuōmíng	instruction	8-1
速度	sùdù	speed	2-2
琐碎	suǒsuì	trivial	2-3

T

踏实	tāshi	steady	1-1
套裙	tàoqún	overskirt	3-1
提供	tígōng	offer, supply	5-3
提前	tíqián	in advance	4-1
提醒	tíxǐng	remind	3-3
体会	tǐhuì	taste, realize	3-1
挑战	tiǎozhàn	challenge	9-3

通过	tōngguò	pass	2-1
通宵	tōngxiāo	all-night	6-3
统一	tǒngyī	unified	8-3
头脑	tóunǎo	mind	6-3

W			
万事开头难	wàn shì kāitóu nán	everything has a hard beginning	3-1
稳定	wěndìng	steadly	9-3
物色	wùsè	look for	7-1

X			
细心	xìxīn	careful	2-2
下不为例	xià bù wéi lì	It won't happen again	4-1
显示	xiǎnshì	display	5-2
项	xiàng	item	3-3
欣赏	xīnshǎng	appreciate	7-1
信任	xìnrèn	trust	4-2
信息	xìnxī	information	1-1
形象	xíngxiàng	image	6-1
休闲服	xiūxiánfú	casual wear	3-1
修改	xiūgǎi	modify, amend	10-1
询问	xúnwèn	ask about	5-2

Y			
一次性	yícìxìng	one-off	8-1
疑问	yíwèn	query	4-3
意识	yìshi	consciousness	6-3
应届	yìngjiè	graduate of the current year	1-1
优先	yōuxiān	give prioity to	1-3
优异	yōuyì	excellent	1-1
预订	yùdìng	reserve	4-1

		Z	
责任心	zérènxīn	responsibility	2-2
战胜	zhànshèng	defeat	6-2
针对	zhēnduì	aim at	10-2
争取	zhēngqǔ	endeavour to	5-1
正月	zhēngyuè	the first month of thelunar year	7-3
正式	zhèngshì	formal	3-1
直接	zhíjiē	direct	6-1
指教	zhǐjiào	give advice or comments	3-2
致	zhì	deliver	2-1
致力于	zhìlìyú	devote oneself to	1-2
终点	zhōngdiǎn	destination	6-2
重大	zhòngdà	critical	10-2
抓紧	zhuājǐn	firmly grasp	7-1
专利	zhuānlì	patent	10-2
赚	zhuàn	make money	9-1
装饰	zhuāngshì	decoration	4-2
兹	zī	at present	4-3
组织	zǔzhī	organize	2-2
最终	zuìzhōng	final	3-3